いつものルウで新境地

旬感！
ヘルシー家カレー革命

決定版　　野菜
　　　　　シーフード

水野仁輔

主婦と生活社

旬の野菜と魚介のうまみを
最大限に引き出して
味わい深い
新境地のカレーの世界へ

　今日は野菜のカレーにしよう。そんな気分になるのは、きっと旬のおいしそうな野菜が頭に浮かんだり、目に留まったりしたからでしょうか。

　野菜のカレーを作るときに大事なのは、野菜のおいしさを存分に引き出すことです。それはカレールウを鍋に加える前にしておく必要があります。たいていの場合、しっかり加熱することによって野菜らしい味わいは引き出せます。よく炒め、ていねいに煮る。カレールウを入れる前に味見をしてみてください。この時点で、「ああ、おいしい。カレーにするのはもったいないかもな」くらいまで野菜の味が出ていたら合格です。

　カレールウの味わいは濃厚です。野菜が負けてしまわないよう、時間と手間をかける。カレーに仕上げるのは最後の最後で構いません。ルウを投入する前が95％以上、投入したあとは5％以下の頑張り、というくらいのイメージで。もし、旬のおいしい野菜をたっぷりぜいたくに使えるカレーを作るのなら、細かいことに気を使わずに作っても構いませんけどね。野菜の力を信じて作れば、自ずと野菜らしさは強まるでしょう。

　魚介類のカレーを作るときは、野菜のカレーとは別の感覚が必要です。魚介類の風味はとても強く、カレールウの味わいには負けないからです。

　ポイントは、素材の食感と風味。加熱時間が長すぎるとどうなるか、想像がつきますか？　食感は損なわれます。魚はボロボロになり、エビなどの甲殻類や貝類は硬くなる。風味のほうは？　強く出すぎてしまうんです。甲殻類なら好きな人は好きかもしれません。魚の風味は強いと磯臭さが気になってしまうかも。だから、魚介類は加熱しすぎないのがいい。「火が通れば完成」くらいの気持ちで作ってください。

　野菜も魚介類もそれぞれの特徴を把握して、おいしさの引き出し方を自分のものにすれば、おいしいカレーに出合えます。カレールウは、それ自体がおいしさの塊です。どんな素材の味わいもしっかり受け止めてくれるはずですよ！

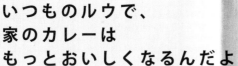

いつものルウで、
家のカレーは
もっとおいしくなるんだよ

　家で食べるカレーってのは、不思議な力を持っているなぁ、とつくづく思う。一言
でいえば、おいしいってこと。それもただのおいしいとは違う。自分の家で食べるカレー
は、他人の家で食べるカレーよりも、レストランにわざわざ行って食べるカレーよりも、
絶対においしいと思うんだ。不思議だと思わない？　その道何十年の腕利きシェフが
作るプロのカレーよりも、家で食べる素人のカレーの方がおいしいと思っちゃうなん
て…。そんな料理はカレーだけかもしれない。

実はこれって、幼いころから同じ味を食べ続けることで生まれる、習慣に基づいたおいしさなんだ。カレーの味そのものよりも、懐かしさとか、ほっと落ち着く安心感みたいなものが家カレーにはある。だから、いつも同じ味であることがおいしさの秘訣だったりする。昔も今も変わらないカレー。

でも、ちょっと考えてみて。変わってないってことは、10年前や20年前から成長がないってこと。「習慣」のおいしさに頼ってしまって、よりおいしい味への挑戦をしていなかったのかもしれない。それじゃもったいない。変わらなくちゃ。家カレーの味は、本当は今よりもっとおいしく進化されていくべきなんだ！

意外と誰も真剣に取り組んでこなかった家カレーの進化に、ボクは真っ向から取り組むことにした。みんなの食卓に並ぶカレーに、革命が起こるくらいの、とびっきりのレシピを紹介しよう。特別なスパイスの配合をしたり、高級な食材を使ったりすれば、もちろんいつもよりおいしいカレーはできる。でもそれだけじゃいけない。いつもと同じ材料で、もっとおいしく作れなくちゃ。

だからボクは大きな決断をしたんだ。

「よし、どのカレーもすべて、市販のルウを使ったレシピにしよう！」。

市販のルウをもっとおいしくする「水野流のオキテ」

ルウは気持ち控えめに

ルウってのは本来、お湯に溶くだけでカレーになるように設計されている。でも、実際に作るときには、肉や野菜を入れたり隠し味を使ったりいろんな味を足していくよね。どんどん味が濃くなり複雑になっていく。足した分は引かなくちゃ。だから、使うカレールウの分量は、標準よりちょっとだけ少なめにするといい塩梅になるよ。

ルウを入れたら煮込みすぎない

カレーは煮込めば煮込むほどおいしくなる、というイメージがあるようだけれど、ルウが溶けてから長い時間コトコト煮込み続けるのは、あんまり意味のない行為。味はほとんど変わらないんだ。無駄に煮込んだ分、具の形がくずれたり、具のうまみエキスがカレーソースに奪われて、味けない仕上がりになっちゃうからね。

ルウは火を止めてから入れる

グツグツ煮込んでいる鍋にそのままカレールウを入れて混ぜちゃってない？　これは禁物。カレールウを入れるときには必ず一度、火を止めること。それからルウを溶かし混ぜ、再び加熱してとろみが出るまで混ぜ合わせる。そうするとルウが均一になじんで、なめらかな舌ざわりが生まれるんだ。

Contents

＊本書の決まりごと
・1カップは200ml、大さじ1は15ml、小さじ1は5mlを基準にしています。
・調理時間は、材料を切ったり下味をつけたりするところから、仕上がるまでの
 目安時間です。材料を洗う、ごはんを炊くなどの時間は含まれません。
・材料表のカレールウの分量は「●皿分」というように、皿数で記しています。
 1皿分のグラム数や固形ルウのブロック数は、商品によって違いますので、パッ
 ケージの表に従ってください。
・カレールウは「中辛」を使用していますが、辛さはお好みでお選びください。

野菜の家カレー

素材のみずみずしさがしみわたる

野菜の家カレー

カレールウに使われている
メインの素材は、スパイスと油脂。
そこに加えるのは、フレッシュ野菜。
旬の野菜で、
季節を「感じる」カレーを作ろう！

Vegetable

肉のうまみに頼らないで作る野菜のカレーは、「ねかし」のプロセスが大切なポイント。7種類の野菜がそれぞれ、完成間際の鍋の中でジワジワとうまみを醸し出してくれるんだ。ふたをして待つだけのボクのやることは、祈るのみ（笑）。「おいしくなぁれ」

ねかせる時間にうまさが育つ。

基本の野菜カレー

材料（4人分）

玉ねぎ　2個
トマト　1個
なす　2個
さやいんげん　5〜6本（約50g）
カリフラワー　1/2株
サラダ油　大さじ2
おろしにんにく　大さじ2
おろししょうが　大さじ1
水　1カップ
　│ カレールウ　3皿分
　│ 熱湯　2カップ
ごはん　適量

作り方

1　カレールウは分量の熱湯で均一に溶いておく。

2　玉ねぎは粗みじん切り、トマト、なすは一口大の乱切りにする。さやいんげんは長さを3等分に切る。カリフラワーは小房に切り分ける。

3　鍋にサラダ油を入れて中火〜強火で熱し、玉ねぎ、おろしにんにく、おろししょうがを加え、全体がきつね色になるまで20分ほど炒める。

4　分量の水を注いでふたをし、中火で20分ほど煮込む。カリフラワーを加え、煮立ったら、いんげん、なす、トマトを順に加え、そのつど混ぜ合わせる。

5　1のルウを注いで混ぜ合わせ、ふたをして20分ほどねかせる。食べる直前に温め直し、器に盛ったごはんにかける。

（調理時間：1時間10〜15分）

玉ねぎは強めの火加減で、しかし焦がさないように、じっくり炒める。このキャラメルのような甘みと香ばしさが、味のベースに。

野菜の家カレー

具は緑の野菜と新玉ねぎだけ。牛乳ベースのパステル調のルウで春を表現。

あっさり、さわやか！ 春のグリーン野菜カレー

材料（4人分）
新玉ねぎ（または玉ねぎ）　1個
グリーンピース＊（さやから出して）
　　1と1/2カップ
グリーンアスパラ　10本
絹さや　20枚
牛乳　2と1/2カップ
カレールウ　4皿分
ごはん　適量
＊グリーンピースは、冷凍でもよい。

春は鮮やかな黄緑色の野菜が印象的。グリーンピースもグリーンアスパラも絹さやも、きれいな緑色とすっきりとした味わいが特徴。火を通しすぎることは禁物だから、サッと煮ただけでいただけるカレーに仕上げよう。味がもの足りなくなるんじゃないかって？　大丈夫。牛乳を使うことでカレーソースにコクをプラスしてるから、バランスのいい春カレーが作れるよ。

作り方
1 新玉ねぎは縦半分に切り、縦に薄切りにする。グリーンアスパラは下半分の皮をむき、長さを4等分に切る。絹さやはヘタとすじをとり、斜めに2〜3等分に切る。
2 鍋に牛乳を入れて弱めの中火でふきこぼれないように温め、ふつふつと沸いてきたら弱火にし、玉ねぎを加える。しんなりしたら火を止め、カレールウを溶かす。
3 再び弱火にかけ、グリーンピース、アスパラ、絹さやを加え、アスパラに硬めに火が通るまで煮る。器にごはんを盛り、カレーをかける。

（調理時間：20分）

牛乳にルウを溶いたところに、野菜を生のまま投入。パリッ、コリッとした食感を残して仕上げよう。

「ブロッコリーって、焼くとこんなにうまいんだ！」と実感。

焼きブロッコリーとしめじの
マイルドカレー

材料（4人分）

ブロッコリー　1株

しめじ　1パック

ベーコン　80g

にんにく　1片

帆立貝柱水煮缶（90g）　2缶

オリーブオイル　大さじ1

牛乳　2カップ

水　1カップ

カレールウ　4皿分

ごはん　適量

ブロッコリーが主役のカレーって意外と難しい。煮込むとすぐにバラバラになってしまうし、ブロッコリーらしい風味がカレーの中で埋没しちゃうから。何とか見た目も味わいも、ブロッコリーが主役として堂々としているカレーに仕上げたい。それで思いついたのが、オーブンで焼いて混ぜ合わせる手法。適度な焼き色と歯ごたえがある焼きブロッコリーは風味も抜群。秋らしい味わいを堪能できるはずだよ。

作り方

1　ブロッコリーとしめじは小房に分け、オーブンシートを敷いた天板に並べ、180度のオーブンで5分ほど焼く。ベーコンは1cm幅に切り、にんにくは薄切りにして芯を除く。

2　鍋にオリーブオイルを入れて中火にかけ、ベーコンを炒める。脂が出てきたらにんにくを加え、こんがり色づくまで炒める。

3　帆立の汁けを軽くきって加え、サッと炒めて分量の水を注ぐ。煮立ったら牛乳を加えて弱火にし、沸騰させないようにして5分ほど煮る。

4　火を止めてカレールウを溶かし、再び弱火にかける。とろみがついたら、1のブロッコリーとしめじをサッと混ぜる。

5　器にごはんを盛り、カレーをかける。

（調理時間：35分）

ブロッコリーとしめじはオーブン焼きに。少し水分がとんでうまみが凝縮。香ばしさと歯ごたえもいい。

ブロッコリーの持ち味が見事にカレーと一体化！

ブロッコリーのカレーキーマ風

材料（4人分）
ブロッコリー　大1個（400g）
トマト　1個
にんにく　1片
サラダ油　大さじ1
水　3カップ
塩こうじ　大さじ1
カレールウ　3皿分
ごはん　適量

まずはブロッコリー自身の水分だけで蒸し焼きにして甘みを凝縮させ、さらに水を加えてじっくりと蒸し煮に。せっかくの緑色が！コリッとした食感が！　なんて心配は無用。サッとゆでるだけとは違う、やさしい味わいが生まれるんだ。塩こうじとトマトでうまみ倍増。これにルウが加われば、肉なしで十分満足できるカレーになるよ。

作り方

1　ブロッコリーは小房に分ける。トマトは乱切りにしてボウルに入れ、手でざっとつぶす。にんにくは薄切りにする。

2　鍋にサラダ油とにんにくを入れて中火にかけ、ほんのり色づくまで炒める。ブロッコリーを加えて混ぜ、ふたをして強火で5分ほど、ときどき鍋を揺すりながら蒸し焼きにする。

3　分量の水を注いで煮立て、塩こうじを加え、ふたをして中火で20分ほど煮る。ブロッコリーがクタクタになったら火を止めてカレールウを溶かし、トマトを加えて混ぜ合わせる。

4　再び弱火にかけ、とろみがつくまで混ぜながら煮る。器にごはんを盛り、カレーをかける。

（調理時間：35分）

蒸し焼きにしたブロッコリーに水と塩こうじを加え、さらにじっくりと煮る。房はくずれて茎はクタクタ、ポタージュのようになるまで火を通していこう。

秋冬のホクホク感とは一味違う、新じゃがの魅力を堪能。

ほっくり新じゃがカレー

材料（4人分）

新じゃがいも　小6〜8個
菜の花　1/2束
玉ねぎ　1/2個
赤唐辛子　2本
にんにく　1片
カレールウ　4皿分
　熱湯　2と1/2カップ
サラダ油　大さじ1
揚げ油　適量
カッテージチーズ　1/2カップ
ごはん　適量

じゃがいもをただ煮込むのではなく、油で揚げることでほっくりした感じを演出したカレー。フライドポテトのおいしさは誰もが知っているはず。それを煮込んでカレーにする、と言えばわかりやすいかな。ただ、煮込みすぎると揚げた意味がなくなっちゃう。だから炒め合わせる感覚で、じゃがいもらしさをじゃがいもの中に封じ込めたまま、ルウに合わせるのがポイントなんだ。

作り方

1　カレールウは分量の熱湯で均一に溶いておく。

2　新じゃがは洗って皮つきのまま2〜4等分に切り、170度の揚げ油で竹串がスッと通るまで揚げる。

3　菜の花は長さを3等分に切り、玉ねぎは縦に1cm幅に切る。赤唐辛子はヘタを切って種を抜き、にんにくは薄切りにして芯を除く。

4　フライパンにサラダ油を入れて中火で熱し、赤唐辛子とにんにくを炒める。香りが出たら菜の花と玉ねぎを加えて菜の花が色鮮やかになるまで炒め、2のじゃがいもを炒め合わせる。

5　1のルウを注ぎ、鍋を揺すりながら水分をとばしてとろみをつける。カッテージチーズを混ぜ合わせ、器に盛ったごはんにかける。

（調理時間：30分）

新じゃがは皮つきのまま素揚げして加え、さっくり、ほっくりした新じゃがらしい食感を楽しもう。

手作りチーズで濃厚、幸せ♡
華やか野菜カレー

チーズ作ったことある？　ない人がほとんどじゃないかな。でもこのレシピなら、あっという間にチーズができちゃう。簡単で楽しいよ。酢を入れて牛乳が徐々に固まっていく感じとか、ふきんでこしてパッと白くて美しいチーズが目の前に現れるところとか、見どころ満載。手で丸めるのも油で揚げるのも、ちょっとしたイベントとして楽しめる。その勢いで野菜も次々と揚げちゃおう。

材料（4人分）
揚げチーズ
　牛乳　5カップ
　生クリーム　1カップ
　酢　1/3カップ
カレーソース
　カレールウ　2皿分
　牛乳　1と1/2カップ
　水　1カップ
揚げ野菜
　なす1個
　ズッキーニ　1本
　かぼちゃ　1/8個
　れんこん　1/3節
　パプリカ（赤）1個
　ししとう1パック
　しめじ　1パック
揚げ油　適量
ごはん　適量

作り方
1　揚げチーズの準備から。鍋に牛乳と生クリームを入れ、中火で温める。ふつふつと沸いてきたら火を止め、酢を加え、ゆっくりと混ぜる。分離してきたら、ふきんを敷いたざるに上げ、そのままふきんで包み、パン皿約3枚分（約1kg）ほどの重しをして30分ほど水きりする。
2　その間にカレーソースを作る。別の鍋に牛乳と水を入れて中火にかけ、ふつふつと沸いてきたら火を止め、カレールウを溶かす。
3　1がしっかり固まったら、手のひらに水をつけてちぎり、一口大のだんご状に丸める。170度に熱した揚げ油に入れ、きつね色になるまで揚げて水にとる。水けをきり、2の鍋に加える。
4　揚げ野菜を作る。なす、ズッキーニは一口大の乱切りにする。かぼちゃ、れんこんは5〜6mm厚さ、パプリカは縦長に切る。ししとうはヘタの先端を切り、縦に切り目を入れる。しめじは小房に分ける。
5　揚げ油を180度に熱し、4の野菜をサッと揚げる。
6　カレーの鍋を弱火にかけて温める。器にごはんを盛り、カレーと揚げ野菜を盛り合わせる。

（調理時間：1時間）＊チーズを水きりする時間は除く。

牛乳と生クリームを
温めて酢を加えると、
おぼろ状のかたまり
ができる。これをふ
きんに上げて水分
をきれば、自家製フ
レッシュチーズに。

しっかり水きりして
油で揚げたら、網で
はなく水にとってさ
ますと、締まって形
がくずれにくくなる。

ピーナッツの香ばしさとコクがギュッと凝縮。

何度も作りたくなる**絶品野菜カレー**

野菜の家カレー

材料（4人分）
玉ねぎ　1/2個
にんにく　2片
トマト　3個
ほうれんそう　2束
スイートコーン（ホール・水煮）　約250g
ピーナッツ　20g
チキンブイヨン　3カップ
（固形や顆粒のブイヨンを湯3カップで溶く）
カレールウ　3皿分
サラダ油　大さじ2
ごはん　適量

作り方

1　玉ねぎ、にんにくはみじん切り、トマトは乱切りにする、ほうれんそうは3cm長さに切る。コーンは汁けをきっておく。ピーナッツは細かく砕く。

2　鍋にチキンブイヨン、玉ねぎ、コーンを入れて火にかけ、煮立ったら弱火にして10分ほど煮る。

3　火を止めてカレールウを溶かし、再び中火にかける。トマトとほうれんそうを加え、ほうれんそうがしんなりするまで煮る。

4　その間にフライパンにサラダ油を入れて中火で熱し、にんにくを炒める。香りが出てきつね色になったら、ピーナッツを加えて色づくまで炒め、3の鍋に油ごと加えて混ぜ合わせる。

5　器にごはんを盛り、カレーをかける。

（調理時間：25分）

野菜カレーはやさしい味が特徴だ。でもやさしいだけじゃもの足りない。そこで助けを借りるのはピーナッツ。あの香りの魔力は偉大だ。ふわっと鼻から抜けていくだけで、どんな料理でもランクアップしたように感じちゃう。当然、野菜カレーにもしっかりとコクを出してくれる。やさしいうまみを引き出した野菜のスープには、油で炒めたピーナッツでバシッと決めよう。

フライパンを傾けて油を集め、にんにくとピーナッツを揚げ焼きし、ジュワジュワした油ごと鍋に。香りの移った油と香ばしいピーナッツが、コクを与えてくれる。

だしとあれれで「和」を表現。

料亭のまかない純和風カレー

材料（4人分）
なす　2個
にんじん　120g
しめじ　1パック
長ねぎ　1本
ちくわ　1本
キャベツ　1/5個
だし
　水　3カップ強
　昆布　10cm
　削り節　大きくひとつかみ
ごま油　大さじ3
カレールウ　4皿分
しょうゆ　大さじ2
ごはん・あられ　各適量

料亭で実際にカレーを作っているかどうかはわからないけれど、上品な和風のカレーってのを作ってみたかった。だしは薄めにほんのり香る程度。そのかわり野菜のうまみをしっかり主張させて、仕上げにはポリポリと歯ざわりのいいあられをトッピング。どうかな、料亭風になってる？

作り方

1　なすは乱切りにする。にんじんは縦半分に切り、端から1cm幅に切る。しめじは小房に分ける。長ねぎは5cm長さに切り、ちくわは斜めに2～3cm幅に切る。キャベツは芯ごと大きめのざく切りにする。

2　鍋に分量の水と昆布を入れて弱火にかけ、沸騰直前に昆布を取り出して中火にし、削り節を加える。ひと煮立ちしたら火を止め、削り節が沈んだらペーパータオルでこす。

3　鍋を強火にかけてごま油を熱し、なす、にんじん、しめじ、長ねぎ、ちくわを順に炒める。なすが油を吸って、すべての野菜に火が通ったら、2のだしを注ぐ。

4　煮立ったら中火にし、アクをすくいながら10分ほど煮て火を止め、カレールウを溶かす。

5　キャベツを加え、弱火で5分ほど煮てしょうゆで味を調える。器に盛ったごはんにカレーをかけ、あられをふる。

（調理時間：40～45分）

昆布は沸騰直前に取り出し、削り節を入れたらひと煮立ちで火を止め、雑味を出さずにうまみを引き出そう。

ガラムマサラの「ただならぬ風味」が立ち上る。

街で人気のカレー屋さんの
ベジタブル焼きカレー

野菜の家カレー

材料（4人分）

なす　3個
しめじ　1パック
オクラ　10本
ミニトマト　10個
カレールウ　3皿分
　熱湯　2と1/2カップ
サラダ油　大さじ2
ガラムマサラ　大さじ1
ごはん　茶碗4杯分
卵　4個
溶けるチーズ　1カップ

焼いた瞬間に勝負あり！　チーズのコクと香ばしさがたまらない焼きカレーは、失敗なくおいしい味になるカレーの代表格といっていい。でも、チーズだけに頼りっぱなしなのも情けないよね。せっかく高温で焼くんだから、ガラムマサラも一緒に入れるとすごく香りが立つんだ。これだけでただの焼きカレー卒業。焼き上がりの香りはたまんないよ。

炒めたなすとしめじにガラムマサラを加え、炒め油と一緒にしっかりからませておけば、隠れたところで魅惑の香りが威力を発揮。

作り方

1　カレールウは分量の熱湯で均一に溶いておく。オーブンを230〜250度に温めておく。

2　なすは大きめの乱切りにする。しめじは小房に分ける。オクラは斜めに2〜3等分、ミニトマトは縦半分に切る。

3　フライパンにサラダ油を入れて強火で熱し、なすとしめじをサッと炒める。油がまわったら、ガラムマサラをふって混ぜ合わせる。1のルウを注ぎ、フライパンを揺すりながら3〜4分煮る。

4　耐熱性の器にごはんを1人分ずつ盛り、カレーをかけ、オクラとトマトを等分にのせる。中央に卵を落としてチーズを全体に散らし（卵黄の上にチーズをかけないと破裂することがあるので注意）、230〜250度のオーブンで5〜7分、チーズが溶けるまで焼く。

（調理時間：30分）

インド料理屋さんの**サグパニールカレー**

[香り UP！：クミンシード]

材料（4人分）

ほうれんそう　4束
玉ねぎ　大1個
にんにく　4片
しょうが　1かけ
サラダ油　大さじ2
クミンシード　小さじ1
水　1と1/2カップ
カレールウ　3皿分
カッテージチーズ　300g
塩　適量
ごはん　適量

女性に大人気のインド料理がサグパニール。ほうれんそうの緑とカッテージチーズの白が特徴のカレーだ。見た目が美しいだけでなく、味も絶品。インドでこれを作るときには、何はなくともまずクミンシード。クミンはそれが入るだけで、料理全体をインドにしてしまう強烈なスパイス。最初に油に加えて熱し、慎重に香りを移そう。それだけで成功は約束されたようなものだから。

クミンシードはカレー粉の主原料であり、また、インド料理の「スタータースパイス」の代表格。最初の炒め油に加えてジュワジュワ熱し、香りを移す。

作り方

1　ほうれんそうは洗って長さを半分に切り、水けがついたまま大きめのフライパンに敷きつめる。ふたをして中火で蒸し煮にし、粗熱をとっておく。玉ねぎ、にんにく、しょうがはみじん切りにする。

2　鍋にサラダ油とクミンシードを入れて弱火にかけ、シードのまわりが泡立ってくるまで熱する。玉ねぎ、にんにく、しょうがを加え、きつね色になるまでよく炒める。

3　分量の水を注いで火を少し強め、煮立ったら弱火にして5分ほど煮る。火を止め、カレールウを溶かす。

4　1のほうれんそうをミキサーに入れ、刃を回転させるために水少々（分量外）を加え、ペースト状にする。3の鍋に加え、カッテージチーズを混ぜ合わせ、1〜2分弱火で煮る。

5　味が足りなければ塩を加えて調える。器にごはんを盛り、カレーをかける。

（調理時間：40分）

日本人もびっくり、の緑色のもとは、このほうれんそうペースト。ほうれんそうは蒸し煮してミキサーにかけたほうが、ゆでるより風味が濃くなる。

たけのこのやさしさに、青唐辛子のすっきりした辛みが絶妙。

新食感！たけのこキーマカレー

材料（4人分）

たけのこ（水煮）　小2本
ミニトマト　20個
青唐辛子　2本
にんにく　2片
しょうが　2かけ
鶏ひき肉　350g
カレールウ　4皿分
サラダ油　大さじ2
水　1/2カップ
ごはん　適量

たけのこのコリコリとした食感に、春を感じる人も多いはず。そんな喜びをカレーにしたければ、ひき肉と合わせるのがおすすめ。鶏ひき肉のポロポロ感が加わることで、ポロポロとコリコリがかわるがわる楽しめる、印象的な食感のカレーに仕上がるんだ。たけのこは場所によって切り方を変えるのがコツ。やわらかい穂先は大きめに、歯ごたえのある根元は小さめにするといいよ。

作り方

1　たけのこは穂先と根元を切り分け、穂先は縦4つ割りにする。根元は6〜8つ割りにし、それぞれ4〜5mm厚さのいちょう切りにする。ミニトマトは4等分のくし形に切る。青唐辛子は縦に1本切り目を入れ、にんにく、しょうがはみじん切りにする。

2　カレールウは細かく刻む。

3　鍋にサラダ油とにんにくを入れ、中火で炒める。香りが出て色づいてきたら、しょうが、青唐辛子を炒め合わせる。

4　ひき肉を加え、あまり細かくほぐさないようにざっと炒め、色が変わったら分量の水を注ぐ。ひと煮立ちしたら火を止め、2のルウを溶かす。

5　ルウが均一に溶けたらたけのこを加え、強火で水分をとばしながら炒める。とろみが出たらミニトマトを混ぜ合わせ、器に盛ったごはんにカレーをかける。

（調理時間：30分）

たけのこは穂先のやわらかい部分を大きめに、下の部分は細かく切る。

汁けの少ないカレーの場合は、ルウを刻んで加えると手早く均一に混ざる。

野菜の家カレー

テッチャンの甘みと唐辛子の辛み、
ねぎの風味が渾然一体。

ねぎねぎ炒（チャー）カレー

材料（2人分）

玉ねぎ　1/2 個

細ねぎ　1/2 束

テッチャン（みそだれ味）　150g*

| カレールウ　2皿分 |
| 熱湯　1と1/4カップ |

ごま油　小さじ2

酒　大さじ2

七味唐辛子　小さじ 1/2

ごはん　適量

＊手に入らなければ、下記参照。

みそにみりんに、酒に七味唐辛子。和の調味料がカレーと素材をうまく調和してくれるんだ。甘さと辛みが一体となってガツンと味覚を刺激する。よく炒めた玉ねぎ、あとから加えてサッと火を通した細ねぎ、ダブルのねぎを味わおう！

作り方

1　カレールウは分量の熱湯で均一に溶いておく。

2　玉ねぎは5mm幅の薄切り、細ねぎはざく切りにする。

3　フライパンにごま油を入れて中火で熱し、少し温まったら玉ねぎを炒める。油が全体にからまったらテッチャンをたれごと加え、みその香りが立ち、全体に火が通るまで時間をかけて炒める。

4　酒を加えてアルコール分をとばし、細ねぎを加えて1のルウを注ぎ、七味唐辛子をふって弱火で2分ほど煮る。器にごはんを盛り、カレーをかける。

（調理時間：15分）

テッチャンが手に入らなければ、豚モツ 150g をたれ（市販の焼き肉のたれ大さじ1、みりん・みそ各小さじ1、おろしにんにく・おろししょうが各小さじ 1/2 を合わせたもの）に2時間漬け込んで使う。

うまさUP！
酒・七味唐辛子

酒は、テッチャンとカレーソースのつなぎ役。七味唐辛子をピリリと効かせることで逆にカレーの甘みが引き立ち、また一口、食べたくなる。

なすをカレーの具にしたことがある人は結構いると思うけど、焼きなすを使ったことがある人はほとんどいないんじゃないかなぁ。ジューシーで香ばしい焼きなすを加えて、しかもぐちゃぐちゃにつぶしながら炒めるのがポイント。そんな雑にしていいの？　って不安になる必要なし。つぶしたほうが、なすが威力を発揮してくれるんだ。インドに「ベイガンバルタ」っていう同じ手法のカレーがあるから、おいしさはお墨つき。

焼きなすのみずみずしさ、ヨーグルトの酸味でさっぱり。

焼きなすのクラッシュカレー

材料（4人分）
なす　小8〜10個
玉ねぎ　1個
香菜　3〜4株
にんにく　4片
しょうが　4かけ
ミニトマト　10個
| **カレールウ　4皿分**
| 熱湯　3カップ
サラダ油　大さじ2
プレーンヨーグルト　大さじ2
ごはん　適量

作り方

1　カレールウは分量の熱湯で均一に溶いておく。

2　なすは丸ごと魚焼きグリルや焼き網で焼き、ときどき転がして皮全体を黒く焦がす。さめないうちに皮をむき、ヘタをとって2〜3つに裂く。

3　玉ねぎ、青菜、にんにくはみじん切りにする。しょうがはせん切りにする。ミニトマトは4〜8等分のくし形に切る。

4　鍋にサラダ油、しょうがの半量、にんにくを入れて中火で炒め、香りが出たら玉ねぎを加えて透き通るまで炒める。ヨーグルトを加えて混ぜ合わせ、なめらかになじんだら2のなすを加えて強火にし、へらでつぶしながら炒め合わせる。

5　1のルウを注ぎ、鍋を揺すりながら水分をとばす。とろみがついたら残りのしょうが、ミニトマト、香菜を混ぜ合わせ、盛ったごはんにカレーをかける。

（調理時間：35分）

皮をむいた焼きなすをへらでつぶし、食べやすい大きさにすると同時に、甘みを全体になじませる。

玉ねぎをあめ色になるまで炒めるとカレーがおいしくなること
は、誰もが知っているんじゃないかな。確かにしっかり炒めた玉
ねぎはうまみと甘みが抜群！ でも具体的にあめ色の玉ねぎをど
うやったら作れるの？ とか、どんなカレーにするとその甘みや
うまみが生かされるの？ って疑問を持っている人は多いはず。
そんなみんなのためにこのカレー。とにかくレシピどおりにやっ
てみて。恐るべき玉ねぎパワーを体感できるはずだから。

あめ色玉ねぎのグラタンスープとカレーが合体。

オニオングラタン焼きカレー

材料（4人分）
玉ねぎ　3個
にんにく　4片
オリーブオイル　大さじ3
白ワイン　大さじ4
ローリエ　2枚
水　4カップ
カレールウ　4皿分
バゲット（薄切り）　8枚
グリュイエールチーズ
　（またはピザ用チーズ）　100g

作り方

1　玉ねぎは縦半分に切り、繊維と垂直に薄切りにする。
にんにくはすりおろす。

2　鍋にオリーブオイルを入れて中火で熱し、玉ねぎを炒
める。最初はふたをして、ときどき混ぜながら5分ほ
ど炒める。ふたをとって火を強め、あめ色になるまで
水分をとばしながら10分ほど炒める。

3　1のにんにくを炒め合わせ、白ワインをふり、アルコー
ル分がとんだらローリエと分量の水を加える。煮立った
ら弱火にし、約10分煮て火を止め、カレールウを溶かす。

4　バゲットをオーブントースターでこんがりと焼き、1
人分の耐熱容器に2枚ずつ重ね入れる。

5　3の鍋を再び弱火にかけて混ぜながら温め、とろみが
ついたら4の容器に等分に注ぐ。チーズを1/4量ずつ
ふり、200度のオーブンまたはオーブントースターで
約10分、チーズが溶けて少し焦げ目がつくまで焼く。

（調理時間：1時間）

あめ色玉ねぎを作る火加減
は、意外にも強火。焦がさ
ないようによく混ぜ、効率
よく水分をとばしながら炒
めよう。

とうもろこしと枝豆の季節到来！ 肉を加えずカレーの主役に。

高原の３色ベジタブルカレー

材料（４人分）

とうもろこし（ゆでて芯からはずす）　1/2 カップ

枝豆（塩ゆでしてさやから出す）　1/2 カップ

玉ねぎ　１と 1/2 個

パプリカ（赤）　１個

にんにく　２片

しょうが　２かけ

カレールウ　４皿分

熱湯　２カップ

サラダ油　大さじ２

ごはん　適量

作り方

1　カレールウは分量の熱湯で均一に溶いておく。

2　玉ねぎ、パプリカは１cm 角に切る。にんにく、しょうがはみじん切りにする。

3　鍋にサラダ油、にんにく、しょうがを入れて中火で炒める。香りが出たら玉ねぎを加え、黄金色になるまでじっくり 15 分ほど炒める。

4　1のルウを注いで強めの中火にし、鍋を揺すりながら水分をとばす。とろみがついたら、パプリカ、とうもろこし、枝豆を混ぜ合わせ、ルウになじませながらサッと火を通す。

5　器にごはんを盛り、カレーをかける。

（調理時間：25 分）

＊とうもろこし、枝豆をゆでる時間は除く。

野菜の魅力は味ばかりじゃないんだよ。鮮やかな彩りだってそのひとつ。だからこのカレーは、色鮮やかに仕上げることにポイントを置くことにしたんだ。コーンの黄色、枝豆の緑色、パプリカの赤色。どの色も自然が織り成す神秘だよね。火を通しすぎず、サッと混ぜ合わせれば、カラフルカレーのできあがり。それでも素材の持ち味が十分に発揮されるから、しっかりと野菜の甘みを感じるカレーになるんだ。優秀優秀。

玉ねぎを炒めたところに、熱湯で溶いたルウを注ぐ。煮込み時間の少ない「炒カレー」は、夏にうれしい調理法だ。

仕上げに赤、黄、緑の野菜を混ぜ合わせて完成。鮮やかな彩りと歯ざわりが生き生き。

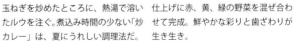

[香りUP！：コリアンダーパウダー＆香菜]

コリアンダーのダブル使いで
インパクトを出す！

インドカレー屋さんの
ドライ豆カレー

ボクのいちばん好きなスパイスは、ズバリ、コリア
ンダー。種を粉末にしたパウダーにはすっきりした香
りがあって、生の香菜には、みんなも知っているクセ
の強いフレッシュな香りがある。どっちもインド
料理には欠かせないスパイスだ。そんな2つの顔を
持ったコリアンダーを使ったおす豆カレー。淡泊
になりがちな豆を、風味豊かに変身させてくれる。

材料（4人分）
玉ねぎ　2個
香菜　2株
鶏ひき肉　200g
ひよこ豆（蒸し煮または水煮）　2カップ
サラダ油　大さじ2
おろしにんにく　小さじ2
おろししょうが　小さじ2
コリアンダーパウダー　小さじ1
水　2カップ
カレールウ　3皿分
ごはん　適量

作り方

1　玉ねぎは縦半分、さらに横半分に切り、繊維に
　沿って薄切りにする。香菜はみじん切りにする。

2　鍋にサラダ油を入れて強火で熱し、玉ねぎを15
　分ほどじっくり炒める。茶色くなってきたら、
　おろしにんにく、おろししょうがを加えてさら
　に炒め、コリアンダーパウダーをふって混ぜ合
　わせる。

3　ひき肉を加え、火が通ってパラパラになるまで
　炒め合わせる。分量の水を注ぎ、煮立ったらひ
　よこ豆を加え、ふたをして弱火で2〜3分煮る。

4　火を止めてカレールウを溶かし混ぜ、再び弱火に
　かけ、全体がなじむまで混ぜながら5〜6分煮
　る。香菜を加えて混ぜ合わせ、器に盛ったごは
　んにかける。

（調理時間：45分）

香菜の種を粉状にしたコリアンダーパウダーは、甘くすっきりした香り。生の香菜のような青臭さはない。香味野菜と炒め合わせ、香りを立たせよう。

こちらは生のコリアンダー（香菜）。刻んで仕上げにサッと混ぜ合わせ、火を通さずにクセの強い香りを生かす。

野菜の家カレー

3種のきのこに、ひとさじの黒酢が豊かな香りを醸し出す。

香りぜいたく！ 秋のきのこづくしカレー

材料（4人分）

- 干ししいたけ　4個
- 水　2カップ
- しめじ　1パック
- まいたけ　1パック
- 豚ロース肉（とんかつ用）　4枚
- ごま油　大さじ1
- 黒酢　大さじ1
- 水　1カップ
- **カレールウ　4皿分**
- 片栗粉　大さじ1
- ごはん　適量

秋といえばやっぱりきのこ。3種類のきのこにはそれぞれ役割があるんだ。干ししいたけのもどし汁は、抜群のうまみでおいしさの土台を作ってくれる。しめじは適度な歯ごたえを演出。まいたけの持つ豊かで独特の香りなんて、カレーの香りに負けないくらい魅力的だよね。そんな三者三様の魅力がひとつのカレーに溶け込むわけだから、そのおいしさはお墨つきだ。

作り方

1. 干ししいたけは、2カップの水につけてもどし、軸をとって1cm幅のそぎ切りにする（もどし汁は捨てずにとっておく）。しめじ、まいたけは小房に分ける。豚肉は1cm幅に切る。

2. 鍋にごま油を入れて強火で熱し、豚肉を炒める。こんがり色づいたら、1のきのこを加えてよく炒める。きのこが少ししんなりしたら、しいたけのもどし汁、黒酢と水1カップを加え、ふたをして弱火で15分ほど煮る。

3. 火を止めてカレールウを溶かし、再び弱火にかける。同量の水で溶いた片栗粉をまわし入れ、混ぜながら熱してとろみと照りをつける。

4. 器にごはんを盛り、カレーをかける。

（調理時間：30分）

＊干ししいたけをもどす時間は除く。

きのこ類はこれでもかというほど、どっさり。しいたけは生でもよいが、干ししいたけをもどして使うと香りが強く出る。

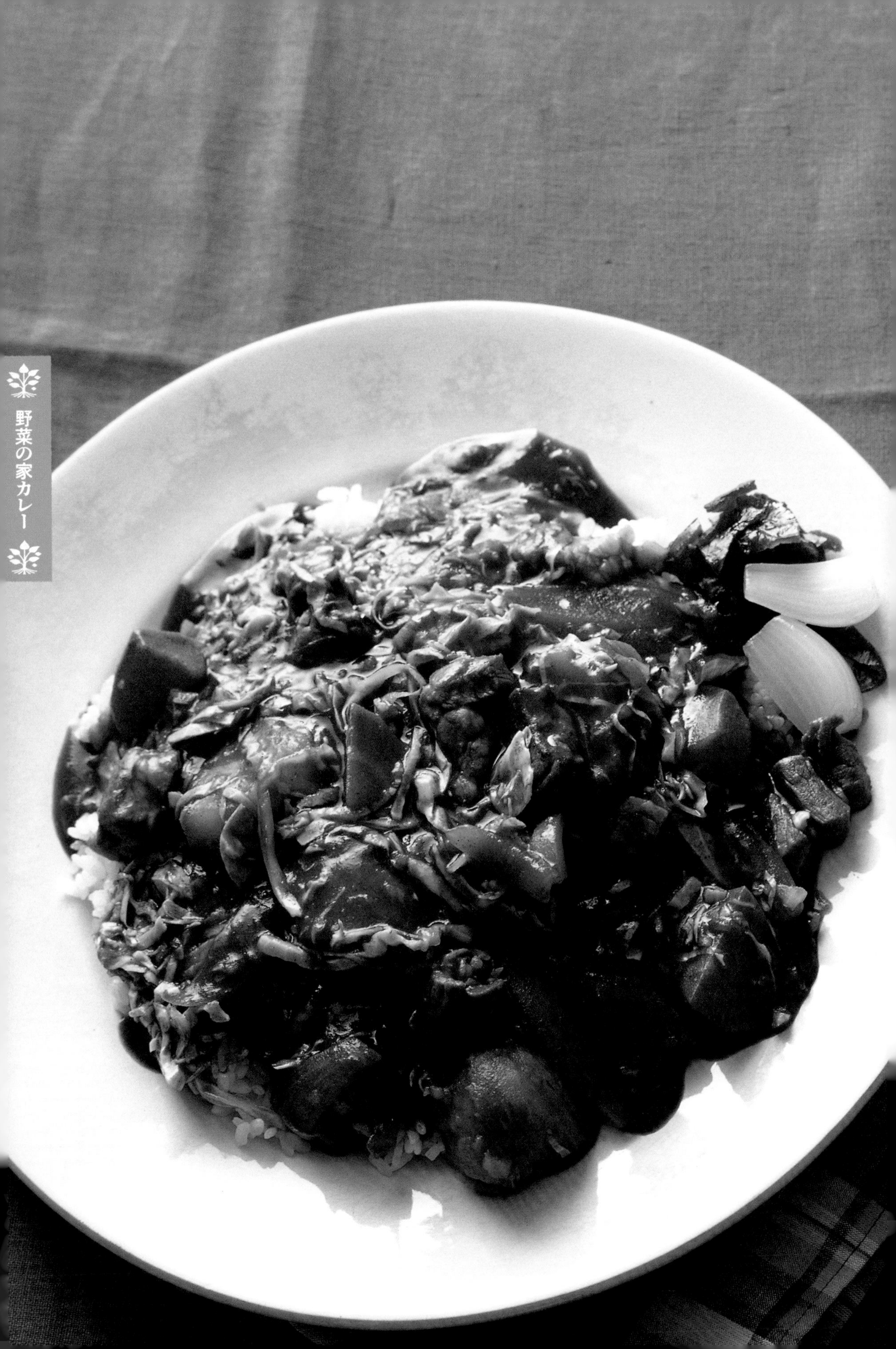

オーソドックスな家カレー＋キャベツのせん切りは、
水野家のおふくろの味。

春キャベツのさくさく家カレー

せん切りしたキャベツのさくさくっとした歯ごたえ
は、キャベツらしさを感じる大切なポイント。これ
をカレーで楽しもうっていうのがこのカレー。実は
ボクが幼いころに、いつもキャベツのせん切りをカ
レーにトッピングしていたことから発想したものな
んだ。ざっと混ぜ合わせて余熱で火を通すことで、
適度にしんなりしたキャベツの新鮮な食感とやさし
い味わいが生まれ、新感覚のカレーが楽しめるはず
だよ。

材料（4人分）

春キャベツ
　（またはキャベツ）　1/4個
玉ねぎ　1個
にんじん　1本
じゃがいも　4個
にんにく　1片
赤唐辛子　2本
豚肉（シチュー用）300g
バター　20g
水　2と1/2カップ
砂糖　小さじ1
カレールウ　4皿分
ごはん　適量

作り方

1　キャベツはせん切り、玉ねぎ、にんじん、じゃがい
もは乱切りにする。にんにくはみじん切りにする。
赤唐辛子はヘタを切って種を抜く。豚肉は一口大に
切る。

2　鍋にバターを入れて中火で溶かし、にんにくと赤唐
辛子を炒める。香りが出たら、玉ねぎ、豚肉、にん
じん、じゃがいもを順に加えて炒め合わせる。

3　全体に油がまわったら、分量の水を注ぎ、砂糖を加
えて煮る。野菜がやわらかくなったら火を止め、カ
レールウを溶かす。

4　再び弱火にかけて、混ぜながらとろみをつけ、キャ
ベツのせん切りをサッと混ぜ合わせる。器にごはん
を盛り、カレーをかけ、好みで福神漬けやらっきょ
うを添える。

（調理時間：30分）

せん切りキャベツのさく
さく感が味の決め手だか
ら、カレーに混ぜたら、
すぐ盛りつけて！

緑鮮やかな菜の花、大ぶりに切ったにんじんがスープに映える一皿。

菜の花とにんじんのスープカレー

材料（4人分）

菜の花　16本

にんじん　2本

えび（殻つき）　2尾

卵　4個

オリーブオイル　大さじ2

長ねぎ（みじん切り）　5cm分

にんにく（みじん切り）　大さじ1

パセリ（みじん切り）　大さじ1

白ワイン　1/2カップ

チキンブイヨン　4カップ

（固形や顆粒のブイヨンを
湯4カップで溶く）

カレールウ　3皿分

ごはん　適量

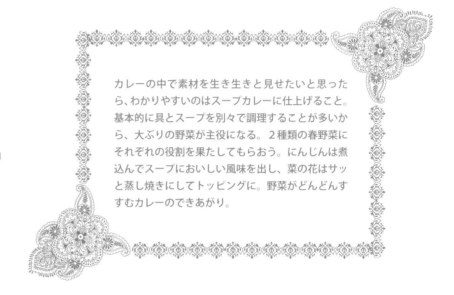

カレーの中で素材を生き生きと見せたいと思ったら、わかりやすいのはスープカレーに仕上げること。基本的に具とスープを別々で調理することが多いから、大ぶりの野菜が主役になる。2種類の春野菜にそれぞれの役割を果たしてもらおう。にんじんは煮込んでスープにおいしい風味を出し、菜の花はサッと蒸し焼きにしてトッピングに。野菜がどんどんすすむカレーのできあがり。

作り方

1　にんじんは縦半分、長さを半分に切る。えびは殻と背ワタを除き、身をみじん切りにする。

2　厚手の鍋にオリーブオイルを入れて中火にかけ、長ねぎ、にんにく、パセリ、えびを炒める。全体がこんがり色づいたら白ワインを注ぎ、煮立ててアルコール分をとばす。

3　チキンブイヨンを注ぎ、にんじんを加え、ふたをして弱火で20分煮る。にんじんが好みのやわらかさになったら火を止め、カレールウを溶かす。

4　にんじんを煮込む間に卵を半熟にゆで、縦半分に切る。菜の花は洗って水けがついたままフライパンに並べ入れ、ふたをして中火にかけ、下面に焼き色がつくまで蒸し焼きにする。

5　**3**のカレーを温めて器に盛り、**4**の菜の花とゆで卵をのせる。ごはんは別の器に盛って添える。

（調理時間：45分）

菜の花はゆでずにフライパンで蒸し焼きに。洗って水けがからんだまま加熱すると、ちょうどよく蒸気がまわる。

カシューナッツと干しぶどうで「北インド」のコクを出す。

野菜たっぷりポトフカレー

インドとヨーロッパをドッキングさせたユニークなカレー。ポトフのように野菜をコトコト煮るんだけど、途中でインド宮廷料理のテクニックが炸裂する。カシューナッツと干しぶどうを、油で炒めて鍋の中にジャーッ。こんがり色づいたナッツと、プクッとふくれたぶどうの香りがコクを醸し出す。あとはカレールウにおまかせだ。

[香りUP！：カシューナッツ＆干しぶどう]

材料（4人分）
玉ねぎ　小1個
なす　1個
ズッキーニ　2本
じゃがいも　2個
にんじん　1本
ベーコン　100g
チキンブイヨン　5カップ
（固形や顆粒のブイヨンを
湯5カップで溶く）
ローリエ　1枚
サラダ油　大さじ2
カシューナッツ　40g
干しぶどう　25g
塩　小さじ1/2
カレールウ　3皿分
ごはん　適量

カシューナッツと干しぶどうは、北インド料理でおなじみの組み合わせ。まずこの2つを油で炒めることで、野菜カレーがリッチな風味に。

作り方

1　玉ねぎ、なす、ズッキーニは一口大より大きい乱切りにする。じゃがいも、にんじんは4等分に切る。ベーコンは1cm幅に切る。

2　鍋にチキンブイヨンを入れて中火にかけ、沸騰したらベーコン、ローリエ、玉ねぎ、じゃがいも、にんじんを加え、ふたをして弱火で25分煮る。

3　フライパンにサラダ油を入れて中火で熱し、カシューナッツと干しぶどうを加えて炒める。カシューナッツが香ばしくなり、干しぶどうがふくらんできたら、なす、ズッキーニを順に加え、全体に油がまわるまで炒める。

4　**3**を**2**の鍋に加え、塩をふり、ふたをして弱火で2～3分煮る。火を止めてカレールウを溶かし、再び弱火にかけてざっと混ぜ合わせながら温める。器にごはんを盛り、カレーをかける。

（調理時間：45分）

紫玉ねぎのシャキシャキ感と辛みは、必須のアクセント。

ビストロで人気！
野菜のクリームシチューカレー

ホワイトシチューとカレールウを混ぜ合わせるなんて、それだけでとっても斬新なレシピ。しかも想像以上にクリーミーな仕上がりになるから、女性にも子どもにもピッタリ。でもそれだけじゃ終わらない。シャキッとしてとんがった香りを持つ紫玉ねぎを、フレッシュなまま最後に加えれば、すばらしいアクセントに。プロの味を演出できるよ。

辛みが少ない紫玉ねぎは、生でもおいしく食べられる。火を通しすぎないようにして歯ざわりと香りを生かし、クリーム味をシャキッと引き締めて。

カレーなのにホワイトシチューのルウも加えてしまう、というオキテ破り（？）のワザ。この手軽さで「新しい味」が体験できる。

材料（4人分）

玉ねぎ　1個
にんじん　1本
じゃがいも　2個
ブロッコリー　1/2株
紫玉ねぎ　1/2個
サラダ油　大さじ1
水　3カップ
カレールウ　2皿分
ホワイトシチュールウ　2皿分
ごはん　適量

作り方

1 玉ねぎは12〜16等分のくし形に切る。にんじんは乱切りにし、じゃがいもは4等分に切る。ブロッコリーは小房に切り分ける。紫玉ねぎはみじん切りにし、水にさらしておく。

2 鍋にサラダ油を入れて中火で熱し、玉ねぎ、にんじん、じゃがいもを炒める。野菜のまわりが透き通ってきたら水を注ぎ、煮立ったらブロッコリーを加え、ふたをして弱火で10分ほど蒸し煮する。

3 火を止めてカレーとシチューのルウを溶かし、再び弱火にかける。紫玉ねぎの水けをきって加え、ざっと混ぜ合わせる。

4 さらに3〜4分煮て、とろみがついたら火を止める。ごはんを器に盛り、カレーをかける。
（調理時間：35分）

[香りUP！：紫玉ねぎ]

野菜をいただく
カレーのおかず

カレーの香りって
なんでこんなに食欲を刺激するんだろう。
野菜が苦手な子どもたちだって、
カレー風味にしたら喜んで食べてくれるよ。

ハムとキャベツのカレー酢あえ

カレー風味のコールスロー。
玉ねぎは塩もみして辛みを抜いて食べやすく。

材料（4人分）

スライスハム　12枚
キャベツ　1/2個
　玉ねぎ　1/2個
　塩　小さじ1/2
カレー酢
　塩　小さじ1/2
　カレー粉　小さじ2
　砂糖　大さじ1
　酢　大さじ4
　サラダ油　大さじ6

作り方

1　キャベツは3〜4mm幅のせん切りにする。玉ねぎは縦に薄切りにする。ハムは5mm幅に切る。

2　大きなボウルに玉ねぎを入れ、塩をふって軽くもむ。しんなりしたら水けを絞り、ボウルに戻す。

3　キャベツ、ハム、カレー酢の材料を加え、手でざっと混ぜる。皿などで重しをし、冷蔵庫に入れ、30分ほどおいて味をなじませる。

きゅうりのカチュンバ

シンプルな味つけのサラダ、「カチュンバ」は
実野菜の味が濃くなる夏にこそおいしい。

材料（4人分）

きゅうり　1本
玉ねぎ　1/2個
トマト　1個
レモン汁・塩　各少々
サラダ油　小さじ2
にんにく（みじん切り）
　　小さじ1/2
カレー粉　小さじ1/2

作り方

1　きゅうりは縦半分、玉ねぎは横半分、
　　トマトは4つ割りにし、それぞれ端
　　から薄切りにする。ボウルに合わせ、
　　レモン汁と塩をふって混ぜる。

2　フライパンにサラダ油を入れて中火
　　で熱し、にんにくをサッと炒める。
　　香りが出たらカレー粉を混ぜ合わせ、
　　1のボウルに加えてあえる。

焼きなすのカレーマリネ

焼きなすもたまには、しょうがじょうゆ以外の食
べ方で。ビールやワインのお供にどうぞ。

材料（4人分）

なす　10個
長ねぎ　10cm
オリーブオイル　大さじ3
おろしにんにく　小さじ1
カレー粉　小さじ2
レモン汁　大さじ1

作り方

1　なすは焼き網（またはグリル）で全
　　体が黒くなるまで焼く。皮をむいて
　　ヘタを切り落とし、食べやすい大き
　　さに裂く。長ねぎはみじん切りにする。

2　フライパンにオリーブオイル、長ね
　　ぎ、おろしにんにくを入れ、中火で
　　炒める。香りが立ったらカレー粉を
　　加え、すぐに火を止める。

3　2に1のなすを混ぜ合わせ、レモン
　　汁をふり、容器に移して冷蔵庫で冷
　　やす。

大根のカレーピクルス

辛くて酸っぱい、刺激的な炒めピクルス。
ヒリヒリするのにあとを引く！

材料（4人分）

大根　1/5本
赤唐辛子　2本
サラダ油　大さじ1
粉唐辛子（または
　一味唐辛子）　小さじ1/4
カレー粉　小さじ1/2
塩　少々
レモン汁　1/2個分

作り方

1　大根は長さを半分にし、1cm角の棒状に切る。赤唐辛子はヘタを切って種を抜く。

2　フライパンにサラダ油と赤唐辛子を入れて中火で熱し、香りが出たら大根を加えて炒める。表面が透き通ったら、粉唐辛子、カレー粉、塩をふって炒め合わせ、レモン汁をふる。

ヨーグルトの冷たいカレースープ

暑い日にぴったりのさわやかなスープ。
カレー粉とにんにくの香りでピリッと元気に。

材料（4人分）

紫玉ねぎ（みじん切り）
　大さじ2
にんにく（みじん切り）
　1/2片分
オリーブオイル　大さじ1
カレー粉　小さじ1
チキンブイヨン　1と1/2カップ
（固形や顆粒のブイヨンを
湯1と1/2カップで溶く）
プレーンヨーグルト　100g
塩　少々

作り方

1　赤玉ねぎは水にしばらくさらして辛みを抜き、水けを絞る。

2　鍋にオリーブオイルを入れて中火で熱し、紫玉ねぎの半量とにんにくを入れて炒める。しんなりしたらカレー粉を加えて炒め、ブイヨンを注ぎ、ひと煮立ちしたら火を止めてさます。

3　ボウルにヨーグルト、塩を入れて2を加え、よく混ぜ合わせる。冷蔵庫で冷やし、器に盛って残りの紫玉ねぎをトッピングする。

ブロッコリーのカレーフライ

カレー味のころもの中身は
揚げて甘みを増した、ホクホクのブロッコリー。

材料（4人分）
ブロッコリー　1/2株
ころも
　小麦粉　50g
　カレー粉　小さじ2
　塩　小さじ1/2
　水　大さじ5
揚げ油　適量

作り方
1　ブロッコリーは小房に分ける。
2　ボウルにころもの材料を混ぜ合わせ、
　　ブロッコリーを加えてからめる。
3　揚げ油を170度に熱して2を加え、
　　まわりがカリッとするまで揚げる。

オクラのカレーフライ

ころもにカレー粉をまぶした、天ぷら風の揚げもの。
スナック感覚でいくらでも食べられそう。

材料（4人分）
オクラ　3パック
カレー粉　小さじ1/2
小麦粉・揚げ油・塩
　各適量

作り方
1　オクラは洗って縦に4つ割りにす
　　る。水けが少しからんだ状態でボウ
　　ルに入れ、小麦粉を薄くまぶし、カ
　　レー粉をふって混ぜ合わせる。
2　揚げ油を170度に熱して1をカラリ
　　と揚げ、油をきって塩をふる。

ゴーヤーと油揚げのカレー炒め

ゴーヤーは下ゆでして炒めると色鮮やかに。
適度な苦みで、カレー味によくマッチ。

材料（2人分）

ゴーヤー　1/2本
塩　少々
油揚げ　大1枚（50g）
サラダ油・ごま油
　各小さじ1
おろしにんにく
　小さじ1/2
カレー粉　小さじ1/2
酒・しょうゆ　各大さじ1

作り方

1　ゴーヤーは縦半分に切って種とワタをとり、薄くそぎ切りにする。サッと塩ゆでし、ざるに上げて水けをきる。油揚げは細切りにする。
2　フライパンにサラダ油、ごま油、おろしにんにくを入れて中火で熱し、香りが出たら油揚げを炒める。少し焦げ目がついてきたらゴーヤーを加え、炒め合わせる。
3　カレー粉をふってサッと混ぜ、酒、しょうゆを加えて混ぜる。

タンドリー風カリフラワー

ヨーグルトに漬けたカリフラワーは、
オーブンで焼くとほっくり、やさしい食感に。

材料（4人分）

カリフラワー　2株
A プレーンヨーグルト　100g
　 トマトケチャップ　大さじ2
　 レモン汁　大さじ1
　 サラダ油　大さじ1
　 おろしにんにく　大さじ1
　 おろししょうが　小さじ1
　 カレー粉　小さじ1
　 砂糖・塩　各小さじ1

B 粉チーズ　小さじ2
　 オニオンパウダー（あれば）*
　　小さじ2

作り方

1　材料A、Bをそれぞれ別のボウルに入れてよく混ぜる。
2　カリフラワーは小房に切り分ける。全体にAをしっかりとぬりつけ、1時間ほど漬けておく。
3　余分なAの液を手で落として、表面にBをふる。天板に並べ、200度に温めたオーブンで15分焼く。

＊フライドオニオンを粉状にすって使ってもよい。

里いものサブジ

サブジといえばじゃがいもが定番だけど、
ねっとりした里いもにカレー味も、目からうろこのおいしさ。

材料（4人分）

里いも　5個
にんにく　1/2片
しょうが　1/2かけ
赤唐辛子　1本
サラダ油　小さじ1
カレー粉　小さじ1
塩　少々
ココナッツパウダー
　（あれば）　大さじ1
香菜（みじん切り）　適宜

作り方

1　里いもは乱切りにし、硬めに下ゆで
　　しておく。にんにく、しょうがはみ
　　じん切りにし、赤唐辛子はヘタを
　　切って種を抜く。

2　フライパンにサラダ油、にんにく、
　　しょうが、赤唐辛子を入れて中火で
　　炒め、香りが出たら1の里いもを炒
　　め合わせる。

3　里いもに火が通ったら、カレー粉と
　　塩をふって混ぜ、あればココナッツ
　　パウダーと香菜を混ぜ合わせる。

切り干し大根のカレー炒め煮

切り干し大根は、油との相性も抜群。
豚肉やカレー粉と合わせ、ボリュームのある一皿に。

材料（4人分）

切り干し大根　30g
にんじん　1/2本
豚バラ肉（薄切り）　150g
A　カレー粉・砂糖
　　　各大さじ1
　　しょうゆ・酒
　　　各大さじ2
サラダ油　大さじ1

作り方

1　切り干し大根はサッと洗い、たっぷ
　　りの水に20分ほど浸してもどす。水
　　けをしっかりと絞り、食べやすい長
　　さに切る。にんじんは4cm長さの棒
　　状に切る。豚肉は2cm幅に切る。A
　　はボウルに混ぜ合わせておく。

2　フライパンにサラダ油を入れて強火
　　で熱し、豚肉を炒める。色が変わっ
　　たら切り干し大根、にんじんを加え
　　てさらに炒める。

3　Aを加え、汁けがなくなるまで混ぜ
　　ながら炒め煮する。

海の香りが豊かに広がる
魚介の家カレー

魚介の持ち味を生かしつつ
ほどよい食感に仕上げるポイントは、
ていねいな下ごしらえと手早い調理。
あとはルウの力を大いに借りて、
イキのいいカレーを楽しんで！

Seafoods

魚介類は煮込むより炒めるほうがいい。じゃんじゃん炒めて作るのが、シーフードカレーの醍醐味。そうやってシーフードと風味の強い野菜を、うまく調和させていくんだ。できあがりが成功か失敗かの目安は、風味で判断しよう。磯臭いシーフードカレーになれば失敗。潮の香りがするシーフードカレーになれば成功。試してみて。

炒めて調和！
基本のシーフードカレー

材料（4人分）

いか　2はい
帆立（ボイル）　4個
長ねぎ　1本
玉ねぎ　1/2個
しめじ　1パック
にんにく（みじん切り）　1片分
しょうが（みじん切り）　1かけ分
サラダ油　大さじ2
水　2カップ
トマトケチャップ　大さじ3
カレールウ　3皿分
バター　20g
白ワイン　1/2カップ
一味唐辛子　大さじ1
ごはん　適量

作り方

1　長ねぎは縦半分に切って斜め1cm幅に、玉ねぎは縦に1cm幅に切る。しめじは小房に分ける。いかはワタと軟骨を除き、胴は輪切りにし、足は食べやすく切り分ける。帆立は大きければ縦半分に切る。

2　鍋にサラダ油を入れて中火で熱し、にんにく、しょうがを炒める。香りが立ったら長ねぎ、玉ねぎを加え、しんなりするまで炒める。

3　いかを加えてサッと炒め、表面の色が変わったら、分量の水、トマトケチャップ、しめじを加える。中火で10分ほど煮て火を止め、カレールウを溶かす。

4　フライパンにバターを入れて熱し、帆立を強火でサッと炒め、白ワインを加える。アルコール分がとんだら3の鍋に加え、とろみがつくまで弱火で煮込む。

5　仕上げに一味唐辛子を加え、味を調える。器にごはんを盛り、カレーをかける。

（調理時間：25〜30分）

炒めた香味野菜にいかを加えてサッと炒めると、臭みがとんで香ばしい風味になる。あとで煮るので、ここでは完全に火が通っていなくてもOK。

柚子こしょうの香りと辛みが鮮烈！

何度も作りたくなる**絶品シーフードカレー**

［香りUP！：柚子こしょう］

材料（4人分）

えび（殻つき）　8尾

帆立（生）　8個

オイルサーディン（缶詰）　60g

玉ねぎ　1/2個

おろししょうが　小さじ1

白ワイン　大さじ1

柚子こしょう　小さじ1

| **カレールウ　4皿分**

| 熱湯　2カップ

ごはん　適量

作り方

1　カレールウは分量の熱湯で均一に溶いておく。

2　えびは尾を残して殻をむき、背ワタを除く。帆立は
　　ウロという黒い部分（中腸線）を除く。玉ねぎはみ
　　じん切りにする。

3　フライパンを強火で熱し、オイルサーディンを缶の
　　油ごと入れてサッと炒める。えび、帆立を加え、全
　　体に焼き色がつくまで炒め合わせる。

4　玉ねぎ、おろししょうがを加えてさらに炒め、玉ね
　　ぎが透き通ったら白ワインをふってアルコール分を
　　とばす。

5　柚子こしょうを加えて混ぜ合わせ、1のルウを注ぐ。
　　そのまま強火で2～3分、フライパンを揺すりなが
　　ら煮つめ、器に盛ったごはんにかける。

（調理時間：25分）

シーフードカレーの最大のコツは、具になる
魚介類に火を入れすぎないこと。炒めすぎや
煮込みすぎは禁物。だから、使う「香アイテ
ム」はゆっくり時間をかけて香りを立たせる
タイプよりも、一瞬で強烈な香りを残せるも
のが吉。その点、柚子こしょうは頼りになる。
さわやかな香りと辛みが、シーフードカレー
の上品さを演出してくれるよ。

シーフードは、サッと炒めてミディア
ムレアに。柚子こしょうを混ぜ合わせ
れば、鼻に抜けるような香りと辛みで
磯臭さが抑えられ、高級感のある仕上
がりになる。

カレーに使う玉ねぎは最初に炒めて甘
みを引き出すことが多いが、ここでは
シャキシャキ感とさわやかな辛みを生
かすため、シーフードを炒めたあとに
加える。

魚介の家カレー

八宝菜風のマイルドカレー。食べてみれば、長ねぎが主張する！

いか・豚・ねぎカレー

材料（4人分）

いか　1ぱい

豚こま切れ肉　100g

長ねぎ　3本

にんじん　小1本

キャベツ　大3〜4枚

水　3カップ

中華スープの素　小さじ1

ごま油　大さじ1

牛乳　1/2カップ

カレールウ　3皿分

塩　適宜

ごはん　適量

黒こしょう（粗びき）　小さじ1

長ねぎは風味だけじゃなくて、煮込むと強い甘みが引き出されるんだ。その点は玉ねぎと一緒だね。キッチリと煮込んで甘みを引き出し、牛乳と合わせてさらにまろやかさもアップ。ベースのスープにしっかりした味を作れるから、具になる肉や魚介は長時間煮る必要はない。さらに甘みのために煮込んだ長ねぎは、具としても活躍してくれる。にゅるっとした独特の口あたりも楽しんでね。

作り方

1　長ねぎは長さを4等分に切る。にんじんは縦半分に切って半月形の薄切り、キャベツはざく切りにする。いかはワタと軟骨を除き、胴は輪切りにし、足は食べやすく切り分ける。

2　鍋に長ねぎを入れて分量の水と中華スープの素を加え、中火で15分ほど煮る。

3　別の鍋にごま油を入れて強めの中火で熱し、豚肉を炒める。焼き色がついたらいかを加えて炒め、いかの色が変わったら、にんじん、キャベツを順に加えて炒め合わせる。

4　牛乳を加えて煮立て、2の長ねぎとスープを加える。ひと煮立ちしたら火を止め、カレールウを溶かす。

5　再び弱火にかけて混ぜながらとろみをつけ、味が足りなければ塩を加えて調える。器に盛ったごはんにかけ、黒こしょうを散らす。

（調理時間：40分）

長ねぎは存在感が出るように大きく切り、他の具と分けてスープで煮る。

ビストロ風高級えびカレー

材料（4人分）

有頭えび（殻つき）　大8尾

玉ねぎ　1個

ペースト

　　有頭甘えび、または芝えび（刺身用）　5尾

　　にんにく　1片

　　しょうが　1かけ

　　にんじん　1/2本

　　りんご　1/2個

サラダ油　大さじ1

トマトピューレ　150g

牛乳　1カップ

水　2と1/2カップ

カレールウ　4皿分

生クリーム　1/4カップ

レモン汁　少々

バター　15g

白ワイン　1/4カップ

ごはん　適量

「豪華！」「ぜいたく！」一口目からそんなふうに感激してもらえることを約束しちゃおう。甘えびのペーストでソースに深みを持たせたうえに、さらにソテーした大ぶりのえびにからめるわけだから、「これでもか！」というくらい濃厚な味に仕上がる。えびって偉大だね！

魚介の家カレー

作り方

1　有頭えびは頭と尾を残して殻をむき、竹串で背ワタをとる。甘えびは殻の上から背ワタをとる。玉ねぎは粗みじん切りにする。

2　にんにく、しょうがはざっと刻み、にんじん、りんごは乱切りにする。ミキサーかフードプロセッサーに入れ、甘えびを加え、かくはんしてペースト状にする。

3　鍋にサラダ油を入れて中火〜強火で熱し、玉ねぎを10分ほど炒める。きつね色になったら**2**のペーストを加え、混ぜながら火を通し、完全に水分をとばす。

4　トマトピューレを加え、煮立ったら牛乳と分量の水を注ぎ、ふたをして20分ほど煮込む。火を止めてカレールウを溶かし、生クリーム、レモン汁を混ぜ合わせる。

5　フライパンにバターを入れて中火〜強火で熱し、**1**のえびを炒める。えびが赤くなったら白ワインをふり、アルコール分をとばす。**4**のカレーに混ぜ、弱火で温めて器に盛る。ごはんは別皿に。

（調理時間：40〜45分）

きつね色に炒めた玉ねぎに、香味野菜と甘えび、にんじん、りんごのペーストを加えてさらに炒める。このベースが、甘くまろやかな深みを生み出す。

豪華、濃厚、至福の極み！
イタリアンな素材と七味唐辛子の意外なコラボ。

創作料理屋さんの**オクトパスカレー**

材料（4人分）

ゆでだこ（刺身用）　400g
玉ねぎ　小1個
にんにく　1片
パセリ　1/2本
オリーブオイル　大さじ3
水　4カップ
ブラックオリーブ　12個
砂糖　小さじ1
あずき（蒸し煮または水煮）　1缶（正味140g）
カレールウ　3皿分
七味唐辛子　小さじ1/2
ごはん　適量

作り方

1　ゆでだこは一口大のぶつ切りにする。玉ねぎはすり
　おろし、にんにく、パセリはみじん切りにする。

2　鍋にオリーブオイルを入れて中火で熱し、にんにく
　とパセリを炒める。香りが立ったら玉ねぎを加えて
　サッと炒め、ツンとしたにおいがなくなったら、た
　こを加えて炒め合わせる。

3　分量の水を注いで煮立て、汁けをきったオリーブ、
　砂糖を混ぜ合わせる。弱めの中火にし、ふたをして
　40分以上、たこがやわらかくなるまで煮込む。

4　ふたをとってあずきを混ぜ合わせ、火を止めてカ
　レールウを溶かす。七味唐辛子をふり、再び弱火に
　かけ、全体がなじむまで混ぜながら温める。器にご
　はんを盛り、カレーをかける。

（調理時間：1時間10分）

いちばん最初といちばん最後にそれぞれ「香りのアイテム」が登場するユニークなレシピ。初めのパセリは、油と一緒に炒めてその香りをよく移しておこう。最後の七味唐辛子は辛くするだけのものじゃない。7種類の香りが集合してるんだから、カレーの仕上げに複雑な香りを加えるのに最適だ。この合わせ技で、どこにもないオリジナルカレーのできあがり！

パセリはにんにくと一緒にオリーブオイルでじっくり炒めると、独特の苦みやクセがやわらぐ。この香りのいい油で、玉ねぎとたこを炒めよう。

七味唐辛子は、仕上げのたった小さじ1/2でもかなりの効果が。しょうがや山椒、青のりなどがほのかに香り、食べたあとにホットな辛みが突き刺さる。

魚介の家カレー

赤唐辛子たっぷり。
しっかり辛い。主張のあるカレー。

いかのピリ辛炒カレー

材料（2人分）
いか　1ぱい
赤唐辛子　10本
ブロッコリー　1/2株
| カレールウ　**2皿分**
| 熱湯　1と1/4カップ
サラダ油　大さじ1
オイスターソース　小さじ1
ごはん　適量

カレールウをあらかじめお湯で溶いてから使う炒カレーなら、煮込み時間なしの時短でできるんだ。フライパンを火にかけたら、たったの10分。強火で火を通すからいかの臭みはなくて、赤唐辛子が食欲をそそる。けれど、赤唐辛子をうっかり食べたら大変。よけながらスプーンで口に運ぼう。

作り方

魚介の家カレー

1　カレールウは分量の熱湯で均一に溶いておく。

2　赤唐辛子は種を除き、ぬるま湯に10分つけてもどす。いかはワタと軟骨を除き、胴は表面に格子状の切り込みを入れて一口大に切る。足は食べやすく切り分ける。ブロッコリーは茎を切って小房に切り分ける。

3　赤唐辛子は水けをよくきり、サラダ油とともにフライパンに入れて中火にかける。香りが立ったら強火にしていかを加え、表面の切り込みが開くまでしっかりと炒める。ブロッコリーを加えてさらに炒め、オイスターソースを加える。

4　1のルウを注ぎ、ふたをして弱火にし、ときどきフライパンを揺すりながら、ブロッコリーに火が通るまで4〜5分煮る。
器にごはんを盛り、カレーをかける。

（調理時間：20分）

**うまさUP！
オイスターソース**

中華調味料の中では、なじみ深さナンバーワン。かきの風味、独特のしょっぱさが加わり、あとを引く味に。

炒カレーは最初に強火で炒めて火を通すので、魚介も磯臭くならない！　カレーソースを加えたら、ふたをしてうまみをキープしよう。

パサパサしない。しっとり、じんわり。
かじきのおいしさに目覚めるカレー。

かじきの炒カレー（チャー）

材料（2人分）

| かじき　2切れ（200g）
| 塩・こしょう　各少々
| 小麦粉　適量
玉ねぎ　1/2個
アボカド　1/2個
| **カレールウ　2皿分**
| 熱湯　1と1/4カップ
粒マスタード　小さじ2
オリーブオイル　大さじ1
ごはん　適量

かじきはパサパサするからイヤ〜って言う人
も、これならきっと大丈夫。いったん火から
下ろすので火が入りすぎなくてふっくら仕上
がるからね。そこにマスタードを入れるおか
げで、淡白な味に華やかさが加わるんだ。「お
〜こんな世界があったのか〜！」って、新境
地に目覚めるかもよ。

魚介の家カレー

作り方

1. カレールウは分量の熱湯で均一に溶いておく。

2. かじきは4等分に切って塩、こしょうをふり、小麦粉をまぶす。玉ねぎは縦に
薄切りにし、アボカドは皮と種を除き一口大に切る。

3. フライパンにオリーブオイルを入れて中火で熱し、かじきを並べ、くずさない
ように注意しながら焼く。両面がこんがり焼けたら取り出しておく。

4. 玉ねぎを3〜4分しっかりと炒め、ほんのり色づいたらマスタードを加えて炒
め合わせる。アボカドを加えてサッと炒め、かじきを戻し入れる。

5. 1のルウを注ぎ、ふたをして弱火にし、混ぜずにときどきフライパンを揺すりな
がら煮る。

（調理時間：15分）

かじきは小麦粉をつけて
こんがりと焼き、いったん取
り出して最後に混ぜるとパ
サついたりくずれたりせ
ず、やわらかくしっとり仕
上がる。

うまさUP！
粒マスタード

まるくやさしい辛みと控えめ
な酸味が、白身魚の淡泊な味
を彩ってくれる。粒のプチプ
チした食感もいいアクセント。

トマトの存在感とフレッシュさを残して仕上げる！

トマトが決め手の南国シーフードカレー

材料（4人分）
いか　1ぱい
えび（殻つき）　8尾
トマト　大3個
にんにく　3片
赤唐辛子　4本
カレールウ　4皿分
　熱湯　2カップ
オリーブオイル　大さじ3
ブラックオリーブ　10粒
パセリ（みじん切り）　大さじ1～2
ごはん　適量

夏真っ盛りにとれるトマトは、うまみ、酸味、甘みのバランスが絶妙。だって、そのまま塩をふって食べても十分おいしいくらいだもん。だから、シーフードとサッと炒め合わせるだけの簡単な調理で、しっかりと持ち味を発揮してくれるんだ。トマトが具になるカレーなんて、あまり作ったことがないんじゃないかな。でも、トマトを信じて大船に乗った気持ちで作ってみよう。

作り方
1　カレールウは分量の熱湯で均一に溶いておく。
2　いかはワタと軟骨を除き、胴は輪切りにし、足は食べやすく切り分ける。えびは殻をむき、尾の部分でつなげたまま縦半分に切り、背ワタをとる。トマトは8等分のくし形に切る。にんにくはみじん切りにし、赤唐辛子はヘタを切って種を抜く。
3　フライパンにオリーブオイル、にんにく、赤唐辛子を入れて中火で炒める。香りが出たら強火にしていかとえびを加え、サッと炒める。
4　えびの色が変わったらトマトを加えてざっと混ぜ、すぐに1のルウを注ぐ。中火にし、ときどきフライパンを揺すりながら水分をとばし、とろみがついたらオリーブとパセリを混ぜ合わせる。器にごはんを盛り、カレーをかける。

（調理時間：25分）

魚介類をサッと炒めたところにトマトを投入。炒めすぎず、煮込まず、形を残して仕上げよう。

ご存じ、豆腐チゲとカレールウの競演。辛さを支えるのが、長ねぎの底力。

激辛豆腐チゲカレー

材料（4人分）

あさり（むき身の水煮）　1缶（60g）

長ねぎ　3本

ししとう　5本

赤唐辛子　4本

絹ごし豆腐　2丁

卵　4個

ごま油　大さじ3

にんにく（みじん切り）　小さじ2

しょうが（みじん切り）　大さじ1

いかの塩辛　大さじ2

粉唐辛子（または一味唐辛子）　小さじ2

しょうゆ　小さじ1

水　5カップ

カレールウ　4皿分

ごはん　適量

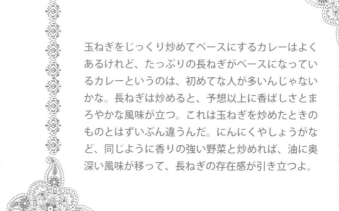

玉ねぎをじっくり炒めてベースにするカレーはよくあるけれど、たっぷりの長ねぎがベースになっているカレーというのは、初めてな人が多いんじゃないかな。長ねぎは炒めると、予想以上に香ばしさとまろやかな風味が立つ。これは玉ねぎを炒めたときのものとはずいぶん違うんだ。にんにくやしょうがなど、同じように香りの強い野菜と炒めれば、油に奥深い風味が移って、長ねぎの存在感が引き立つよ。

作り方

1　長ねぎは斜め切り、ししとうは小口切りにする。赤唐辛子はヘタを切って種を抜く。

2　鍋にごま油を入れて中火で熱し、赤唐辛子、にんにく、しょうが、長ねぎを炒める。香りが出たら塩辛を加えて炒め、粉唐辛子としょうゆを混ぜ合わせる。

3　汁けをきったあさりを加えてサッと混ぜ、分量の水を注いで5分ほど煮る。豆腐を加え、へらで大きくくずしながら混ぜ合わせ、ひと煮立ちしたら火を止めてカレールウを溶かす。

4　再び弱火にかけて混ぜながらとろみをつけ、卵をそっと割り入れる。卵が半熟状になったら火を止め、器に盛ったごはんにかけて、1のししとうを散らす。

（調理時間：30分）

長ねぎはたっぷり3本、ごま油で炒めてカレーのベースに。玉ねぎとは違った甘みと風味が出る。

このカレーで加えるいかの塩辛は、発酵調味料的な役割。うまみをグンと深めてくれる。

決め手はなんと言っても、あさりのうまみ。砂抜きしたあさりを強火にかけて、アルコールで一気にうまみを引き出すんだ。ただし、アルコールに火がついてフランベになるかもしれないので気をつけて！　あわてないように、用心しながらやってみよう。

カレールウの風味とあさりだしのうまみが見事に一体化。

ボンゴレ・ビアンコ炒カレー

材料（2人分）

あさり（殻つき）*　250 〜 300g
にんにく　2片
細ねぎ　1束
カレールウ　2皿分
　熱湯　1と1/4カップ
オリーブオイル　小さじ2
白ワイン　1/2カップ
ごはん　適量

＊3％の塩水で砂抜きしたもの。

作り方

1　カレールウは分量の熱湯で均一に溶いておく。

2　あさりは殻をこすり合わせてよく洗う。にんにくは縦半分に切ってたたきつぶす。細ねぎは小口切りにする。

3　フライパンにオリーブオイルとにんにくを入れ、中火〜強火でじっくり炒める。にんにくの表面がかなりこんがりと色づき、焦げる直前であさりを加え、強火にする。フライパンを揺すりながら、白ワインを注いでアルコール分をとばし、ふたをして中火で2分ほど蒸し煮にする。

4　あさりの口が開いたら強火にして細ねぎを加え、ざっと混ぜ合わせる。1のルウを注ぎ、ふたをして弱火で2〜3分、フライパンを揺すりながら火を通す。器にごはんを盛り、カレーをかける。

（調理時間：15 〜 20 分）

うまさUP！
白ワイン

あさりのだしを引き出すために欠かせない。しっかりアルコール分をとばすことで、あさりとカレーソースのつなぎ役にも。

わたりがにのカレー卵炒めをタイでは「プーパッポン」と言って、人気の定番料理なんだ。そのポイントは、魚介の味わいとかにの食感。だからかにかまはできるだけくずさないように、そっとそ〜っとやさしくあつかおう。

タイでよく食べられている、わたりがにのカレー卵炒めをイメージ。

タイ風かにたま炒カレー

材料（2人分）

かにかま　8本
アンチョビー（フィレ）　4枚
玉ねぎ　1/2個
にんにく　1/2片
卵　2個
カレールウ　2皿分
　熱湯　1と1/4カップ
ラー油　小さじ1
サラダ油　小さじ1
ごはん　適量

作り方

1　カレールウは分量の熱湯で均一に溶いておく。

2　かにかまは縦半分に切る。玉ねぎは1〜2cm幅のくし形切りにする。にんにくは薄切りにする。卵は軽く溶きほぐす。

3　フライパンにラー油とサラダ油を入れて中火で熱し、にんにくを炒める。色づいてきたらアンチョビーを加えて炒め、すぐに玉ねぎを加えて強火で炒める。しんなりしてきたらかにかまを加え、くずさないようにさっと炒め合わせる。

4　1のルウを注ぎ、強火のまま煮立てる。溶き卵を一気に混ぜ合わせてすぐ火を止める。そっとかき混ぜながら余熱で火を通す。器にごはんを盛り、カレーをかける。

（調理時間：15分）

うまさUP！
アンチョビー

タイ料理で使われるカピという調味料（えび醤）の代用として。魚介の発酵系の風味が、カレーの味全体を底上げしてくれる。

いかの塩辛がいい仕事してます！

タイ料理屋さんのココナッツカレー

材料（4人分）
- えび（殻つき）　小 20 尾
- 酒　大さじ 2
- パプリカ（赤）　1 個
- ふくろだけ（水煮）　300g
- ペースト
  - エシャロット　4 本
  - にんにく　1 片
  - しょうが　1 かけ
  - 香菜　1 束
  - 水　1/2 カップ
- ごま油　大さじ 1
- ラー油　大さじ 1
- いかの塩辛　大さじ 2
- 水　2 カップ
- **カレールウ　2 皿分**
- ココナッツミルク　1 カップ
- ごはん　適量

ふとした思いつきで、いかの塩辛を使ってタイカレーを作ってみた。我ながら「大胆なことをするなぁ」とビックリしたけれど、これが大成功。発酵食品独特の風味が、タイ料理っぽさを増幅させてくれるんだ。それにしてもカレーを作るのにいきなりいかの塩辛を炒め始めるなんて、世界初のレシピなんじゃないかな（笑）。

作り方

1. えびは尾を残して殻をむき、背側に縦に切り目を入れて背ワタを除き、酒をふっておく。パプリカは縦に 1 cm 幅に切る。

2. ペースト用のエシャロットは根と葉を切り落とし、ざっと刻む。ほかのペースト用の野菜も、根を落としたり皮をむいて刻む。すべてをミキサーかフードプロセッサーに入れて分量の水を加え、かくはんしてペースト状にする。

3. 鍋にごま油とラー油を入れて熱し、2 のペーストと塩辛を加え、水分が完全にとぶまで強火で炒める。えびを加えて炒め、色が変わったらパプリカ、汁けをきったふくろだけを加え、サッと炒める。

4. 分量の水を注いで煮立たせ、3 分ほど煮たら火を止め、カレールウを溶かす。再び弱火にかけてココナッツミルクを混ぜ合わせ、サッと温める。器にごはんを盛り、カレーをかける。

（調理時間：30 〜 35 分）

ココナッツミルク、ふくろだけの缶詰、エシャロット、香菜がタイ料理らしい風味を出す。塩辛は、タイのえびみそ（カピ）のかわりに使ってみた。

魚介の家カレー

ぶり大根カレー

材料（4人分）
ぶりのアラ　500g
大根　1/3本
長ねぎ　1/3本
あさつき　3本
たれ
| 水　2カップ
| 酒　1カップ
| みりん　1/2カップ
| 砂糖　小さじ1
| しょうゆ　小さじ1
| おろししょうが　小さじ1
カレールウ　4皿分
ごはん　適量

「デュクセルソースが入ってる！」「フレンチな味わい！」みたいなリッチなカレールウを見かけると、つい冒険したくなる。欧風カレーに仕立てるのが普通だと思うけど、それじゃあおもしろくないから裏切っちゃおう（笑）。和食の人気料理、ぶり大根をカレーにしちゃうんだ。ルウの味がしっかりしていると、こういう冒険ができるから楽しいんだよね。

作り方

1　ぶりのアラはざるに入れて熱湯をまわしかけ、冷水にとり、表面を洗って水けをふく。大根は小さめの乱切り、長ねぎは5cm長さのせん切りにする。あさつきは小口切りにする。

2　鍋に1のぶりと大根を入れ、たれの材料を加え、強火にかける。沸騰したら弱火にしてアクをとり、落としぶたをして30分ほど煮る。

3　落としぶたで中身を押さえながら煮汁を別の鍋に移し、煮汁にカレールウを溶かす。

4　ぶりと大根をカレーの鍋に加え、長ねぎ、あさつきを加えてざっと混ぜ合わせる。再び弱火にかけて温め、器に盛ったごはんにかける。

（調理時間：45～50分）

魚介の家カレー

さけと里いもがゴロゴロ、ボリューム満点。赤唐辛子でピリ辛に。

海の幸・山の幸カレー

材料（4人分）
生ざけ　4切れ
生しいたけ　6個
里いも　4個
赤唐辛子　2本
にんにく　2片
オリーブオイル　大さじ2
みりん・酒　各大さじ1
しょうゆ　小さじ1
水　1と1/4カップ
カレールウ　4皿分
ごはん　適量

秋に旬を迎える素材は野菜ばかりじゃない。海の幸も一緒に取り入れちゃおうってことで、さけを使ってみることにした。魚は、煮込みの後半に加えてサッと火を通して作るのが鉄則だけれど、このカレーはさけの持ち味を生かすために、初めに焼いて油にさけらしい風味を移すことに。しいたけ、里いもなどの山の幸を一緒に煮込めば、香りが全体にまわって「ザ・秋！」なカレーのできあがり。

作り方

1　生しいたけは軸を除いて4つ割りにする。里いもは半分に切る。赤唐辛子はヘタを切って種を抜き、にんにくは半分に切って包丁の腹でたたきつぶす。

2　鍋にオリーブオイル、赤唐辛子、にんにくを入れて中火にかけ、香りが出るまで炒める。さけを並べ入れ、両面にしっかりと焼き色をつけたら、いったん取り出し、大きな骨などを取り除く。

3　2の鍋にしいたけ、里いもを順に加えて炒め、みりん、酒、しょうゆをふってからませる。分量の水を注ぎ、煮立ったらふたをして弱火にし、里いもに火が通るまで5分ほど煮る。

4　火を止めてカレールウを溶かし、2のさけを戻し入れる。再び弱火にかけ、ときどき混ぜながらさけに火を通し、とろみがついたら、器に盛ったごはんにかける。

（調理時間：35分）

さけを焼いてうまみの出た油を、しいたけと里いもにからめながら炒めていく。コクがグンとアップ。

香りの王様・カルダモンが香る気品高い一皿。

ホテルのレストランで食べる
シーフードカレー

[香り UP！：カルダモン]

材料（4人分）
かじき　2切れ
かき　12個
玉ねぎ　1個
セロリ　1/2本
にんにく　1片
しょうが　2かけ
カルダモン　5粒
オリーブオイル　大さじ1
水　5カップ
カレールウ　3皿分
バター　20g
塩　適量
ごはん　適量

ホテルのレストランで食べるカレーは、どうしてあんなに上品なんだろう？　ゴテゴテした具がなくて、ソースもサラッとしていて余計なものが入っていない。潔いことこの上なし。すました顔をしているくせに、食べると「おお！」と思わず声が出てしまうほど香り高い風味がある。カルダモンの爽快な香りを、クセの強い魚介類と合わせてみよう。一気にホテルに近づけるはず。

カルダモンは、さやから出した種を油で熱して香りを立たせよう。しょうがや柑橘類にも似たスーッとした香りが魚介類のにおいを抑え、うまみを引き立ててくれる。

作り方

1 玉ねぎは乱切り、セロリはぶつ切りにする。にんにく、しょうがは薄切りにする。カルダモンはさやを割って種を取り出す。かじきは1切れを半分に切る。かきは塩水で洗い、水けをよくとる。

2 鍋にオリーブオイルとカルダモンを入れて弱火にかけ、じっくり熱する。香りが立ったら強めの中火にし、玉ねぎ、セロリ、にんにく、しょうがを加えて5分ほど炒める。

3 分量の水を注ぎ、煮立ったらふたをして弱火で20分煮込む。ざるでこして野菜とカルダモンを除き、残ったスープを鍋に戻し入れてカレールウを溶かす。

4 再び中火にかけてかじきを加え、身をくずさないようにして火を通す。

5 その間に、フライパンにバターを入れて中火で溶かし、かきをよく炒める。火が通ったら**4**の鍋に加えて混ぜ合わせ、味が足りなければ塩少々で調え、器に盛ったごはんにかける。

（調理時間：45分）

かじきは焼かずに生のまま、ルウを溶いてから加える。このあと、火を通しすぎないように注意して温めれば、パサつかずしっとりした食感に。

カレーに入れるじゃがいもは、ほとんどの場合、ごろごろしているか形がくずれるまで煮込まれているかどっちかだよね。じゃがいものホクホク感やでんぷん質のとろみは、十分味わえるんだけど、それだけじゃつまらない。スライスしたじゃがいもを煮込んでから焼く手法もおすすめ。ぐちゃぐちゃと混ぜながら食べて、いつもとは趣の違うじゃがいもを楽しんでほしい。

たらとじゃがいもは冬の黄金コンビ。パンのおかずにもぴったり。

たらとポテトの焼きカレー

魚介の家カレー

材料（4人分）

生だら　4切れ
じゃがいも　5個
玉ねぎ　1個
トマト　1個
にんにく　2片
サラダ油　大さじ1
いかの塩辛　大さじ1
水　2と1/2カップ
生クリーム　1/2カップ
カレールウ　4皿分
粉チーズ　適量
パセリ（みじん切り）　適量

作り方

1　じゃがいもは薄切り、玉ねぎは乱切り、トマトは粗みじん切りにする。にんにくは横に薄切りにして芯を除く。

2　鍋にサラダ油を入れて中火で熱し、玉ねぎ、にんにくを炒める。しんなりしたら塩辛を加えてサッと混ぜ、じゃがいもを加えてさらに炒める。

3　じゃがいもが透き通ったら分量の水を注ぎ、やわらかくなるまで煮る。火を止めて生クリームを混ぜ合わせ、カレールウを溶かす。

4　再び弱火にかけ、たらを加えて10分ほど煮る。たらに火が通ったら、1人分の耐熱皿に1/4量ずつ入れてトマトを散らし、粉チーズとパセリをたっぷりとふる。

5　200度に温めたオーブンで約10分、表面がこんがりするまで焼く。フォークでじゃがいもをつぶし、全体を混ぜながら食べる。

（調理時間：45分）

たらは大きいまま、最後に加えて火を通せば、パサつかずしっとり。食べる直前にフォークで細かくしながら混ぜる。

見た目以上にインパクトのある味！ オイルサーディンのなせる業。

オイルサーディンのじゃがトマ炒カレー

材料（2人分）

オイルサーディン（油をきって） 50g
じゃがいも 1と1/2個
ミニトマト 10個

カレールウ 2皿分
熱湯 1と1/4カップ

サラダ油 小さじ2
パセリ（みじん切り） 大さじ1
ごはん 適量

オイルサーディン、トマトと香りの相性がよく、色鮮やかな緑が見た目にも食欲をそそる。

作り方

1 カレールウは分量の熱湯で均一に溶いておく。

2 じゃがいもは1cm角の棒状に切る。ミニトマトは半分に切る。

3 フライパンにサラダ油とパセリを入れて強火で熱し、色鮮やかになったらオイルサーディンを並べ入れ、つぶしながらパセリとよく混ぜ合わせて炒める。じゃがいもを加えてじっくり炒め合わせ、ミニトマトを加え、フライパンを振って全体を混ぜ合わせる。

4 1のルウを注ぎ、ふたをして弱火にし、ときどきフライパンを揺すりながらじゃがいもに火が通るまで蒸し煮する。器にごはんを盛り、カレーをかける。

（調理時間：15分）

[香り UP！：黒ごま]

日本人ならわかる。この鍋に黒ごまが必須のワケ。

シーフードカレー鍋

魚介類のカレーは煮込みすぎないのが鉄則。だけれどもカレー鍋の場合は、煮込まないわけにもいかない。独特の磯の香りがジャンジャンとだしに出てきちゃうから、バランスをとるために強い香りが必要なんだ。そこで黒ごま。ペーストにするから香りは強烈。これなら負けない。魚介類と切磋琢磨して、香り高いカレー鍋にしてくれるよ。

材料（4人分）
有頭えび（殻つき）　16尾
生ざけ　2切れ
まいたけ　2株
水菜　1/2束
ごまペースト
　黒ごま　大さじ1
　みそ　大さじ1
　酒　大さじ1
チキンブイヨン　3カップ
（固形や顆粒のブイヨンを湯3カップで溶く）
牛乳　2カップ
カレールウ　3皿分

作り方

1　まいたけは食べやすく分け、水菜はざく切りにする。えびは尾と頭を残して殻をむき、背ワタをとる。さけは1切れを半分に切る。

2　すり鉢に黒ごまを入れてすり、みそ、酒を加えてすり混ぜ、ペースト状にする。

3　鍋にチキンブイヨンを入れて中火にかけ、煮立ったらえびを加える。火が通って赤くなったら、牛乳を注いで軽く煮立てる。

4　弱火にして2のペーストを加え、さらに5分ほど煮て火を止め、カレールウを溶かす。再び弱火にかけ、さけ、まいたけ、水菜を加え、さけに火が通るまで煮る。

（調理時間：30分）

黒ごまとみそをすり合わせたペーストは、ミルク味のスープと絶妙にマッチ。日本で生まれたカレー鍋には、和の香味がぴったりくる。

魚介の家カレー

脂の乗ったぶり、ふっくらした白菜。酒かす入りのカレー鍋にしてあったまろう。

ぶりと白菜のカレー鍋

材料（4人分）
ぶり　大4切れ（350g）
白菜　1/4株（500g）
春菊　1/3束
だし　6カップ
酒かす　40g
みそ　大さじ1
カレールウ　3皿分
七味唐辛子　少々

作り方

1　白菜は軸と葉の部分を切り分け、それぞれ繊維と垂直に2cm幅に切る。春菊は3cm長さに切る。

2　鍋にだしと白菜の軸を入れて火にかけ、煮立ったら弱めの中火にして15分ほど煮る。火を止めて酒かす、みそを溶き、ぶりを加え、中火で5〜6分煮る。

3　火を止めてカレールウを溶かし、白菜の葉と春菊を加える。ふたをして中火で5分ほど火を通し、仕上げに七味唐辛子をふる。

（調理時間：40分）

冬に旬を迎える食材を使ってカレー鍋を作ってみよう。チョイスするのは、ぶりと白菜。どちらも鍋にはぴったりの食材だ。ポイントは白菜の使い方。軸の白い部分と緑色の葉の部分は火の通り方も違うし、味わいも違う。だから、厚みのある軸の部分を先にしっかり煮込むことで、甘みを最大限に引き出すことにした。脂の乗ったぶりと白菜をつなぐのは酒かす。あったまる鍋ができあがるよ。

最初に白菜の軸の部分を15分ほどじっくりと煮て、甘みを引き出しながらだしを吸わせる。

さけと生クリームのカレー

材料（4人分）

生ざけ（切り身）　4切れ

玉ねぎ　1個

にんじん　1本

ゆで卵　3個

オリーブオイル　大さじ2

水　3カップ

スタッフドオリーブ　10個

カレールウ　4皿分

生クリーム　1/2カップ

レモン汁　大さじ3

ごはん　適量

誰もが好きなおなじみの味に仕上がるのがカレールウ。これはちょっと変化球で、さけをメイン食材に選んでみた。生クリームで濃厚にした分、オリーブとレモンの酸味でバランスをとる。そうすると不思議と味に奥行きが生まれるんだ。

作り方

1　さけはグリルで焼き、大きめにほぐす。玉ねぎは粗みじん切り、にんじんは1.5〜2cm角に切る。ゆで卵は小さく乱切りにする。

2　鍋にオリーブオイルを入れて中火で熱し、玉ねぎを炒める。しんなりしたらにんじんを加えてさらに炒め、分量の水を注ぐ。

3　煮立ったらオリーブを加え、弱火にして10分ほど煮る。火を止めてカレールウを溶かし、生クリームを混ぜ合わせる。

4　再び弱火にかけ、とろみがつくまで混ぜながら煮る。1のさけとゆで卵を混ぜ合わせ、レモン汁をふり、器に盛ったごはんにかける。

（調理時間：35〜40分）

魚介をいただく
カレーのおかず

魚介のクセを抑えるのではなく、
魚介の個性と同じ強さで
魅力を引き立てるのが、カレー粉の香り。
料理の腕が上がるスパイスだ！

たこときゅうりのカレー酢あえ

酢のものの定番、たこときゅうりを
洋食やエスニック料理に合う副菜に。

材料（4人分）
ゆでだこの足　2本
玉ねぎ　1/2個
セロリ（茎）　1/4本
きゅうり　2本
カレー酢
　塩　小さじ1
　カレー粉　小さじ2
　酢　大さじ2
　七味唐辛子　少々

作り方
1 玉ねぎ、セロリはみじん切りにする。
　きゅうりは両端を切り落とし、1cm
　角に切る。たこは食べやすい大きさ
　に切る。
2 ボウルにカレー酢の材料を入れてよ
　く混ぜ、1の野菜とたこを加え、て
　いねいにあえる。

むきえびとアボカドのカレーサラダ

プリッとしたむきえびとマイルドなアボカドを、
カレー味のマヨネーズソースで。

材料（4人分）

むきえび　16尾
　アボカド　1個
　レモン汁　少々
トマト　1個
ドレッシング
　マヨネーズ　大さじ1
　カレー粉　小さじ1
　塩　少々

作り方

1　むきえびは背ワタをとり、サッとゆでる。アボカドは縦半分に切って種と皮をとり、一口大に切ってレモン汁をふる。トマトは皮を湯むきし、横半分に切って種をとり、小さめの乱切りにする。

2　ボウルにドレッシングの材料を入れてよく混ぜ、1の材料を加え、ていねいにあえる。

あさりのみそカレースープ

あさりのうまみ、白みその甘み、カレー粉の辛み、ごま油の香り。すべてが一体となった奥深い味わい。

材料（4人分）

あさり（殻つき）　300g
あさつき　5本
だし　3〜3と1/2カップ
白みそ　大さじ3
ごま油　大さじ1
カレー粉　小さじ1

作り方

1　ボウルに約3％の濃度（水1ℓに対し塩大さじ2〜3）の塩水を入れ、あさりを加え、3〜4時間砂抜きをする。あさつきは小口切りにする。

2　あさりの水けをきって鍋に入れ、だしを注ぎ、中火にかける。あさりの口が開いたら火を弱め、白みそを溶き混ぜる。

3　フライパンにごま油、あさつきを入れて中火で炒め、カレー粉を混ぜ合わせ、2の鍋に加えて混ぜる。

さばのカレー焼き

カレー粉とオリーブオイルで、さば特有のクセをカバー
し、香ばしく焼き上げた一品。ごはんにも合う！

材料（4人分）

さば（三枚おろし）
　1尾分（2枚）

マリネ液
　カレー粉　大さじ1
　酒　大さじ2
　オリーブオイル　大さじ2
　塩　少々

作り方

1　さばは1枚を2〜3等分に切り、皮
　目に切り目を入れる。

2　ボウルにマリネ液の材料を入れてよ
　く混ぜ、さばを加え、ときどき返し
　ながら10分ほど漬けておく。

3　さばの汁けをきってグリルに並べ、
　弱火で7〜8分焼く。

帆立のマヨカレー焼き

帆立は火を通すと硬くなるので、焼くのはサッと。
リッチなカレーマヨ味のころもをまとわせて。

材料（4人分）

帆立貝柱（刺身用）　12個
塩・こしょう　各少々
小麦粉　大さじ1

A　にんにく（みじん切り）
　　　1片分
　トマト　1個
　カレー粉　小さじ1
　パセリ（みじん切り）
　　　大さじ1
　パン粉　大さじ1
　塩　少々

サラダ油　大さじ2
バター　30g
マヨネーズ　大さじ1

作り方

1　Aのトマトは皮を湯むきし、種
　をとって粗みじん切りにする。
　帆立は厚みを半分に切り、塩、
　こしょうをふって、小麦粉を薄
　くまぶす。

2　フライパンにサラダ油を入れて
　熱し、帆立の両面にサッと焼き
　色をつけて取り出す。

3　あいたフライパンを熱してバ
　ターを溶かし、にんにくを炒め
　る。香りが立ったら残りのAの
　材料を順に加えながら炒める。
　ボウルに移し、2の帆立とマヨ
　ネーズを混ぜ合わせる。

オイルサーディンと
オクラのカレー炒め

オイルサーディンはサッと火を通すとおいしさがアップ。
缶の油を利用して炒めよう。

材料（4人分）

オイルサーディン
　　1缶（100〜120g）
オクラ　20本
塩　適量
カレー粉　小さじ1
塩　少々

作り方

1　オクラは塩をまぶしつけて手でこす
　　り、うぶ毛をとって洗う。
2　フライパンにオイルサーディン缶か
　　ら油を適量移して中火で熱し、オク
　　ラを炒める。カレー粉をふって混ぜ、
　　サーディンを炒め合わせ、塩で味を
　　調える。

しらすとごぼうのカレー炒め

日本の味しか知らなかったごぼうとしらすが
初めてカレーに出合いました。

材料（2人分）

しらす　50g
ごぼう　70〜80g
長ねぎ　5cm
サラダ油　小さじ2
カレー粉　小さじ1/2
塩・こしょう　各少々

作り方

1　ごぼうはささがき、長ねぎはせん切
　　りにする。
2　フライパンにサラダ油を入れて強火
　　で熱し、長ねぎを炒める。しんなり
　　したらごぼうを加え、炒め合わせる。
3　ごぼうに火が通ったらカレー粉を
　　ふって混ぜ、しらすを加えてサッと
　　炒め、塩、こしょうで味を調える。

いわしのカレー炒め

カレー粉をまぶしてカリッと炒めたいわし。
ごはんはもちろん、ワインやビールのお供にも。

材料（2人分）

いわし　4尾
塩　少々
カレー粉・片栗粉　各小さじ1
にんにく　1/2片
サラダ油　小さじ2
おろししょうが　小さじ1
酒　大さじ2
しょうゆ・酢　各小さじ1

作り方

1　にんにくは薄切りにする。いわしは筒切りにしてワタを除き、洗って
　　水けをよくふく。塩をふり、カレー粉と片栗粉を混ぜ合わせたころも
　　を薄くまぶす。

2　フライパンにサラダ油とにんにくを入れ、中火でじっくりと炒める。
　　こんがりとして香りが出たら強火にし、いわしを並べ入れ、ときどき
　　転がしながら手早く炒める。

3　いわしの全体に焼き色がついたら、おろししょうがを加え、炒め合わ
　　せる。酒をまわし入れて煮立て、しょうゆと酢を加え、混ぜ合わせる。

さけとししとうのカレー炒め

塩ざけを炒めるなんて、ありそうでなかったレシピ。
ちょっと甘みのあるカレー味がぴったり。

材料（2人分）

塩ざけ（甘口）　2切れ	
カレー粉・片栗粉　各小さじ1	
ししとう　15本	
サラダ油　小さじ2	
A	酒・水　各大さじ1
	オイスターソース　小さじ1
	砂糖・酢　各小さじ1

作り方

1　ししとうは斜めに3〜4等分に切り、手でもみ洗いして種をざっと取り除く。さけは1切れを4等分に切り、骨をなるべくきれいに取り除く。カレー粉と片栗粉を混ぜ合わせたころもを薄くまぶす。

2　フライパンにサラダ油を入れて強火で熱し、さけを並べ入れ、ときどき返しながら手早く炒める。こんがりしたらししとうを加え、炒め合わせる。

3　Aを加えて混ぜ合わせ、ふたをして弱火にし、フライパンを揺すりながら1分ほど火を通す。

水野仁輔

水野仁輔（みずの じんすけ、1974年〜）は、自称・カレーの人。株式会社 AIR SPICE 代表。「カレーとは、コミュニケーションツールである」をモットーに、数々のイベントを主催し続けること四半世紀。カレーに関するさまざまな情報や考察を発信している。

水野仁輔
2024年撮影
国籍　●日本
出身地　静岡県浜松市

経歴

1974年、静岡県に生まれる。6歳から浜松市内のカレー店「ボンベイ」に通い、大学進学とともに上京後は「ボンベイ」に代わる心の拠り所を求めて、都内のカレー店を食べ歩いた。

1999年、都内の公園に出没してカレーを食べるというイベントの常連メンバーにより、「東京カリ〜番長 [1]」結成。2008年結成のインド料理集団「東京スパイス番長」をはじめ、数々のカレープレーヤー [2] 集団を結成し、活動を継続中。

2001年、初の著書『俺カレー』（アスペクト）を上梓（東京カリ〜番長名義）。その後もカレーにまつわる著書を次々に出版する。
2007年、ルウカレー全盛の世に堂々送り出したルウカレーレシピ本『喝采！ 家カレー　いつものルウだけで。うまさ新境地。』（主婦と生活社）が話題を呼ぶ。[4]

2016年、「カレーの学校 [3]」開校。AIR SPICE [5] サービスを開始。

脚注

- [1] カレーに特化した出張料理ユニット。東京23区を制覇後は、全国47都道府県制覇を目指しながら、著書の出版、CD制作など幅広く手がける。水野は「2度と同じカレーは作らない」をポリシーとしてレシピを開発した。
- [2] 『おいしいカレーを作る、食べる』を目的ではなく手段とし、カレーをモチーフとした活動を楽しむ人」の意。
- [3] 水野自身が主催する通学講座。別名・カレープレーイヤー養成所。現在まで42期（各期90分6コマ）の授業を実施。1000名近くが卒業。
- [4] 好評につき、翌年以降も『感動！ 炒カレー』、『絶品！ 香カレー』、『別格！ 旬カレー』と3冊のルウカレー本が出版された。
- [5] カレーやスパイス料理のレシピとともにスパイスセットを販売するサブスクリプションサービスを行う。

外部リンク

- ・カレー計画　http://www.curry-book.com
- ・カレーの学校　https://curryschool.jp
- ・AIR SPICE　http://www.airspice.jp

スタッフ

撮影　今清水隆宏
スタイリング　曲田有子
取材　奈良結子
デザイン　髙市美佳
校正　福島啓子
編集　深山里映

＊本書は、2007〜2010年に出版の『喝采！ 家カレー』『感動！ 炒カレー』『絶品！ 香カレー』『別格！ 旬カレー』の4冊に加筆、新規取材を加え、再編集したものです。

旬感！ ヘルシー家カレー革命　決定版

著　者　水野仁輔
編集人　束田卓郎
発行人　殿塚郁夫
発行所　株式会社主婦と生活社
　　　　〒104-8357 東京都中央区京橋 3-5-7
　　　　編集部 tel. 03-3563-5129
　　　　販売部 tel. 03-3563-5121
　　　　生産部 tel. 03-3563-5125
　　　　https://www.shufu.co.jp
製版所　東京カラーフォト・プロセス株式会社
印刷所　大日本印刷株式会社
製本所　株式会社若林製本工場
ISBN 978-4-391-16258-5